Rudolf Bischof, Klaus Gasperi (Hg.)
Weil wir im Herzen barfuß sind

Rudolf Bischof, Klaus Gasperi (Hg.)

Weil wir im Herzen barfuß sind

Ein Lesebuch zu Advent
und Weihnachten

Tyrolia-Verlag · Innsbruck-Wien

Nachhaltige Produktion ist uns ein Anliegen; wir möchten die Belastung unserer Mitwelt so gering wie möglich halten. Über unsere Druckereien garantieren wir ein hohes Maß an Umweltverträglichkeit: Wir lassen ausschließlich auf FSC®-Papieren aus verantwortungsvollen Quellen drucken und verwenden Farben auf Pflanzenöl- basis. Wir produzieren in Österreich und im nahen europäischen Ausland, auf Pro- duktionen in Fernost verzichten wir ganz.

Mitglied der Verlagsgruppe „engagement"

© 2023 Verlagsanstalt Tyrolia, Innsbruck
Umschlaggestaltung: stadthaus 38, Innsbruck
Layout: Studio HM, Hall in Tirol
Satz: Elvira Perterer, Innsbruck
Druck und Bindung: FINIDR, Tschechien
ISBN 978-3-7022-4151-3
E-Mail: buchverlag@tyrolia.at
Internet: www.tyrolia-verlag.at

Inhalt

1
Alles fängt klein an

2
Denn Winter hat ein heimliches Blühen

3
Die Last der Zeit

4
O Mensch, lerne tanzen

5
Ein bestimmtes Lächeln der Seele

6
Eine Stunde ohne Stern im Finstern

7
Denn jede Brücke hat ihren Engel

8
Und die Stimme der Gottheit geht so

* Diese Überschriften wurden von den Herausgebern verändert oder hinzugefügt.

Und reiht heute noch
Wort an Wort

Vor über 20 Jahren haben wir dieses Buch mit Texten zur Advent- und Weihnachtszeit im Taschenbuchformat erstmals herausgegeben und schon seit längerem ist auch die zweite Auflage vergriffen. Weil immer wieder nach dem Buch gefragt wurde, bringt nun der Tyroliaverlag die Texte in diesem anspruchsvoll gestalteten Band heraus. Es freut uns außerordentlich, dass diese Texte dadurch wieder zugänglich und auch leichter lesbar sind. Im Großen und Ganzen wurde die ursprüngliche Auswahl beibehalten, lediglich einzelne Texte wurden umgestellt oder ausgetauscht.

An Weihnachten feiern wir, dass das Wort Mensch wurde und immer noch Mensch wird in verschiedensten Formen. So reiht sich heute noch Wort an Wort. Verdichtet durch Menschen, geprägt durch die Geschichte der Not und der Freude wie diese Texte.

Das Geheimnis der Weihnacht wird in der Bibel in Geschichten von einer Krippe, von Hirten und herbergsuchenden Menschen, von Königen und Weisen erzählt. Das Wort, das Mensch wurde, wurde eine menschliche Geschichte und schreibt diese immer noch weiter. Diese Geschichte der Nacht hört bis heute nicht auf: Die Hirten, die Mutter, der Vater, das Kind, der böse König, die Weisen haben zwar andere Namen, eine andere Gestalt, sie finden sich aber neu im Heute ein.

Vorerst bleibt deswegen Weihnachten gar nicht dort, wo wir es normalerweise suchen: in der selbst gebastelten Romantik und Nostalgie. Die Texte von Ilse Aichinger und Werner Wollenberger weisen darauf hin, dass sich Weihnachten vielleicht gerade erst mitten in der Bedrängnis und Ernüchterung finden lässt.

Darum ist diese Geschichte der Weihnacht zuerst eine Geschichte der vielen Nächte, der Nacht der Annahme, in der Menschen das Neue, das Überraschende, das Unvermutete wagen, wo Menschen einander annehmen wie Maria und Josef. Es bleibt eine Nacht der Herbergssuche, in der Menschen Heimat verlieren und finden, in der Befehle von Kaisern, Machthabern, Tyrannen und gnadenlosen Strukturen Menschen vertreiben, in der Türen für Fremde verschlossen bleiben und Fremdenfeindlichkeit Platz nimmt, in der ein ungeliebtes Schicksal Menschen an eine fremde Küste des Lebens spült. Es bleibt eine Nacht der Gewalt und des Mordens, der Machtkämpfe und der Intrigen, wie sie Herodes gesponnen hat. Es bleibt eine Nacht, in der Menschen unter der Anhäufung von Krisen leiden und mit Maria die Frage stellen: Wie kann das alles weitergehen?

Aber es bleibt auch eine Nacht, in der immer noch die gegenseitige Annahme als Zuhause genügt; eine Nacht, in der Menschen wie die Hirten und Weisen Schritte wagen, für die sie sich schon zu müde wähnten; eine Nacht, in der Menschen in tiefster Dunkelheit Sterne der Hoffnung entdecken, wo schon alle Hoffnung erstorben war.

Immer noch finden Menschen das Glück im Kleinen und Unvermuteten. Die Geschichte vom Finden des Kindes zieht sich herauf bis zu der angeführten Geschichte von Rainer Maria Rilke, in der der kleine Fingerhut dazu kommt, der liebe Gott zu sein.

Das ist der Grund, warum wir es wagen, in diesem Buch Geschichten und Texte anzubieten, die vorerst nichts mit Nostalgie und Romantik zu tun haben, die aber aufmuntern zu suchen und zu finden. Wir haben Geschichten und Gedichte zusammengestellt, die mit der Botschaft von diesem Weihnachten zu tun haben. Manche Texte wurden mit einer kurzen Einleitung versehen. Und all diese Geschichten wollen es ermöglichen, dass wir mit Wilhelm Willms bitten:

Ja maria
fang noch einmal an
hier bei uns

Und vielleicht dürfen wir dann irgendwann mit Else Lasker-Schüler sprechen:

Es wird ein großer Stern in meinen Schoß fallen.
Wir wollen wachen die Nacht,
in den Sprachen beten,
die wie Harfen eingeschnitten sind.
Wir wollen uns versöhnen die Nacht –
so viel Gott strömt über.

Irgendwann werden wir dann auch entdecken, dass diese Nacht sich verwandelt und nicht nur ein Zeichen von Dunkel ist, sondern eine Nacht glänzender Sterne, nicht nur eine Nacht schlimmer Schreie, sondern auch eine Nacht des Gesangs, nicht nur eine Nacht der Verweigernden, sondern auch eine Nacht der Schenkenden, nicht nur eine Nacht mordender Menschen, sondern eine Nacht tanzender Engel, nicht nur eine Nacht von Fliehenden und Abgewiesenen, sondern auch eine Nacht der Ankommenden und Angenommenen, eine bergende Nacht der Umarmung.

Es verwandelt sich durch diese Nacht unser Leben und noch viel mehr, weil wir entdecken, dass dieser Gott in uns wohnt. Wir sehen das Leben anders, verwandelt wieder, wie jener Autor, der die Bilder von Matthias Grünewald am Isenheimer Altar zehn Jahre später ganz anders wieder sieht.

So hoffen wir, dass Sie mit diesem Buch die Freude der Weihnacht und mit ihr die Freude des Lebens neu entdecken. Dass Sie gerne an Ihrer eigenen Geschichte der Weihnacht und des Lebens weiterschreiben, damit Ihnen ein Stern der Hoffnung ins Innere geschenkt wird. Welche Haltungen es aber braucht, um diesen Stern zu entdecken, davon spricht die Dichterin Christine Busta in einem wunderschönen Gedicht, das am Anfang unseres Buches stehen soll.

Feldkirch, im Herbst 2023

Rudolf Bischof
Klaus Gasperi

Der Stern

Christine Busta

Nachts erwachen und mit herrlichem Erschrecken
hell im Fenster einen Stern entdecken,
und um ihn die sichre Angst verlassen,
wie Kolumbus nach dem Steuer fassen,
und gehorsam wie aus Morgenland die Weisen
durch die Wüste in die Armut reisen,
und im Stern des Engels Antlitz schauen:
wie ein Hirt zu Bethlehem vertrauen.

yes*

e. e. cummings

"I imagine that yes is the only living thing."

love is a place
& through this place of
love move
(with brightness of peace)
all places

yes is a world
& in this world of
yes live
(skilfully curled)
all worlds

ja*

übersetzt von klaus gasperi

„Ich denke, das ja ist das einzig lebendige."

liebe ist ein ort
und durch diesen ort der
liebe bewegen sich
(mit dem glanz des friedens)
alle orte

ja ist eine welt
und in dieser welt des
ja leben
(geschickt durcheinandergewirbelt)
alle welten

1
Alles fängt klein an

Alles fängt klein an, auch Gott

Wilhelm Willms

Ja maria
fang noch einmal an
hier bei uns in …
da brauchst du nicht so weit zu laufen
bis du einen geistesverwandten triffst
fang hier bei uns
noch einmal an

und darum
werden wir
maria
auf deiner seite sein
denn auch wir
sind schwanger

mit einer neuen welt
laufen wir schwanger
sie hüpft schon vor freude
in uns
maria
die neue welt
wenn wir
von dir hören

maria
hüpft auch in uns
der embryo einer neuen welt
vor freude

eine neue welt
die noch nicht zählt
die als kriminell
als vorwitzig
als störend
abgetan
wird
maria

wir wissen
wie sehr es
eines einzigen geistesverwandten
bedarf
um neues leben
eine neue welt
zu gebären

alles fängt klein an
auch gott

Was ich dir zum Advent schenken möchte

Christine Busta

Einen Orgelton wider den finsteren Morgen,
meinen Atem gegen den Eiswind des Tags,
Schneeflocken als Sternverheißung am Abend
und ein Weglicht für den verloren geglaubten
Engel, der uns inmitten der Nacht
die Wiedergeburt der Liebe verkündet.

Tagebuchnotiz*

Etty Hillesum

25. Februar, Mittwoch. Es ist jetzt morgens halb 8. Ich habe mir die Zehennägel geschnitten und einen Becher echten van Houten-Kakao getrunken und ein Butterbrot mit Honig gegessen, das alles, wie man sagt, mit Hingabe. Ich habe die Bibel an einer beliebigen Stelle aufgeschlagen, aber sie gab mir an diesem Morgen keine Antwort. Eigentlich war das nicht so schlimm, denn es gab keine Fragen, nur großes Vertrauen und Dankbarkeit dafür, dass das Leben schön ist. Deshalb ist dies ein historischer Augenblick: nicht weil ich jetzt gleich mit S. zur Gestapo muss, sondern weil ich trotz dieser Tatsache das Leben schön finde.

Wie der Fingerhut dazu kam, der liebe Gott zu sein

Rainer Maria Rilke

Unversehens geht uns Gott verloren in all der Geschäftigkeit und Zerstreutheit unseres Lebens. Und so laufen wir Großen mit gekränkten Gesichtern umher. Nur gut, dass die Kinder uns an unsere Verantwortung erinnern: Nicht nur die Sorgen, auch den lieben Gott muss man mit sich herumtragen, damit er unter den Menschen ist. Dabei helfen gerade die kleinen, schönen Dinge mit …

Als ich vom Fenster forttrat, waren die Abendwolken immer noch da. Sie schienen zu warten. Soll ich ihnen auch eine Geschichte erzählen? Ich schlug es ihnen vor. Aber sie hörten mich gar nicht. Um mich verständlich zu machen und die Entfernung zwischen uns zu beschränken, rief ich: „Ich bin auch eine Abendwolke." Sie blieben stehen, offenbar betrachteten sie mich. Dann streckten sie mir ihre feinen, durchscheinenden rötlichen Flügel entgegen. Das ist die Art, wie Abendwolken sich begrüßen. Sie hatten mich erkannt.

„Wir sind über der Erde", – erklärten sie – „genauer über Europa, und du?" Ich zögerte: „Es ist da ein Land –" „Wie sieht es aus?", erkundigten sie sich. „Nun", entgegnete ich, „Dämmerung mit Dingen –" „Das ist Europa auch", lachte eine junge Wolke. „Möglich", sagte ich, „aber ich habe immer gehört: Die Dinge in Europa sind tot." „Ja, allerdings", bemerkte eine andere verächtlich. „Was wäre das für ein Unsinn: lebende Dinge?" „Nun", beharrte ich, „meine leben. Das ist also der Unterschied. Sie können verschiedenes werden, und ein Ding, welches als Bleistift oder als Ofen zur Welt kommt, muss deshalb noch nicht an seinem Fortkommen verzweifeln. Ein Bleistift kann mal ein Stock, wenn es gut geht, ein Mastbaum, ein Ofen aber mindestens ein Stadttor werden."

„Du scheinst mir eine recht einfältige Abendwolke zu sein", sagte die junge Wolke, welche sich schon früher so wenig zurückhaltend ausgedrückt hatte. Ein alter Wolkerich fürchtete, sie könnte mich beleidigt haben. „Es gibt ganz verschiedene Länder", begütigte er, „ich war einmal über ein kleines deutsches Fürstentum geraten, und ich glaube bis heute nicht, dass das zu Europa gehörte." Ich dankte ihm und sagte: „Wir werden uns schwer einigen können, sehe ich. Erlauben Sie, ich werde Ihnen einfach das erzählen, was ich in der letzten Zeit unter mir erblickte, das wird wohl das Beste sein." „Bitte", gestattete der weise Wolkerich im Auftrage aller.

Ich begann: Menschen sind in einer Stube. Ich bin ziemlich hoch, müsst ihr wissen, und so kommt es: Sie sehen für mich wie Kinder aus; deshalb will ich auch einfach sagen: Kinder. Also: Kinder sind in einer Stube. Zwei, fünf, sechs, sieben Kinder. Es würde zu lange dauern, sie um ihre Namen zu fragen. Übrigens scheinen die Kinder eifrig etwas zu besprechen; bei dieser Gelegenheit wird sich ja der eine oder der andere Name verraten. Sie stehen wohl schon eine ganze Weile so beisammen, denn der Älteste (ich vernehme, dass er Hans gerufen wird) bemerkt gleichsam abschließend: „Nein, so kann es entschieden nicht bleiben. Ich habe gehört, früher haben die Eltern den Kindern am Abend immer – oder wenigstens an braven Abenden – Geschichten erzählt bis zum Einschlafen. Kommt so etwas heute vor?" Eine kleine Pause, dann antwortet Hans selbst: „Es kommt nicht vor, nirgends. Ich für meinen Teil, auch weil ich schon groß bin gewissermaßen, schenke ihnen ja gern diese paar elenden Drachen, mit denen sie sich quälen würden, aber immerhin, es gehört sich, dass sie uns sagen, es gibt Nixen, Zwerge, Prinzen und Ungeheuer." „Ich habe eine Tante", bemerkte eine Kleine, „die erzählt mir manchmal –" „Ach was", schneidet Hans kurz ab,

„Tanten gelten nicht, die lügen." Die ganze Gesellschaft war sehr eingeschüchtert angesichts dieser kühnen, aber unwiderlegten Behauptung. Hans fährt fort: „Auch handelt es sich hier vor allem um die Eltern, weil diese gewissermaßen die Verpflichtung haben, uns in dieser Weise zu unterrichten; bei den anderen ist es mehr Güte. Verlangen kann man es nicht von ihnen. Aber gebt nur mal acht: Was tun unsere Eltern? Sie gehen mit bösen gekränkten Gesichtern umher, nichts ist ihnen recht, sie schreien und schelten, aber dabei sind sie doch so gleichgültig, und wenn die Welt unterginge, sie würden es kaum bemerken. Sie haben etwas, was sie ‚Ideale' nennen. Vielleicht ist das auch so eine Art kleine Kinder, die nicht allein bleiben dürfen und sehr viel Mühe machen; aber dann hätten sie eben uns nicht haben dürfen. Nun, ich denke so, Kinder: Dass die Eltern uns vernachlässigen, ist traurig, gewiss. Aber wir würden das dennoch ertragen, wenn es nicht ein Beweis wäre dafür, dass die Großen überhaupt dumm werden, zurückgehen, wenn man so sagen darf. Wir können ihren Verfall nicht aufhalten; denn wir können den ganzen Tag keinen Einfluss auf sie ausüben, und kommen wir spät aus der Schule nach Haus, wird kein Mensch verlangen, dass wir uns hinsetzen und versuchen, sie für etwas Vernünftiges zu interessieren. Es tut einem auch recht weh, wenn man so unter der Lampe sitzt und sitzt, und die Mutter begreift nicht einmal den pythagoräischen Lehrsatz. Nun, es ist einmal nicht anders. So werden die Großen immer dümmer werden ... es schadet nichts: Was kann uns dabei verloren gehen? Die Bildung? Sie ziehen den Hut voreinander, und wenn eine Glatze dabei zum Vorschein kommt, so lachen sie. Überhaupt: Sie lachen beständig. Wenn wir nicht dann und wann so vernünftig wären, zu weinen, es gäbe durchaus kein Gleichgewicht auch in diesen Angelegenheiten. Dabei sind sie von einem Hochmut: Sie behaupten sogar, der Kaiser sei ein Erwachsener. Ich habe in den Zeitungen gelesen, der König von Spanien sei ein Kind, so ist es mit allen Königen und Kaisern, – lasst euch nur nichts einreden! Aber neben allem Überflüssigen haben die Großen doch etwas, was uns durchaus nicht gleichgültig sein kann: den lieben Gott. Ich habe ihn zwar noch bei keinem von ihnen gesehen, – aber gerade das ist verdächtig. Es ist mir eingefallen, sie könnten ihn in ihrer Zerstreutheit, Geschäftigkeit und Hast irgendwo verloren haben. Nun ist er aber etwas durchaus Notwendiges. Verschiedenes kann ohne ihn nicht geschehen, die Sonne kann nicht aufgehen, keine Kinder können kommen, aber auch das Brot wird aufhören. Wenn es auch beim Bäcker herauskommt, der liebe Gott sitzt und dreht die großen Mühlen. Es lassen sich leicht viele Gründe finden, weshalb der liebe Gott etwas Unentbehrliches ist. Aber so viel steht fest, die Großen kümmern sich nicht um ihn, also müssen wir Kinder es tun. Hört, was ich mir ausgedacht habe. Wir sind genau sieben Kinder. Jedes muss den lieben Gott einen Tag tragen, dann ist er die ganze Woche bei uns, und man weiß immer, wo er sich gerade befindet."

Hier entstand eine große Verlegenheit. Wie sollte das geschehen? Konnte man denn den lieben Gott in die Hand nehmen oder in die Tasche stecken? Dazu erzählte ein Kleiner: „Ich war allein im Zimmer. Eine kleine Lampe brannte nahe bei mir, und ich saß im Bett und sagte mein Abendgebet – sehr laut. Es rührte sich etwas in meinen gefalteten Händen. Es war weich und warm und wie ein kleines Vögelchen. Ich konnte die Hände nicht auftun, denn das Gebet war noch nicht aus. Aber ich war sehr neugierig und betete furchtbar schnell. Dann beim Amen machte ich so (der Kleine streckte die Hände aus und spreizte die Finger), aber es war nichts da."

Das konnten sich alle vorstellen. Auch Hans wusste keinen Rat. Alle schauten ihn an. Und auf einmal sagte er: „Das ist ja dumm. Ein jedes Ding kann der liebe Gott sein. Man muss es ihm nur sagen." Er wandte sich an den ihm zunächststehenden, rothaarigen

Knaben. „Ein Tier kann das nicht. Es läuft davon. Aber ein Ding, siehst du, es steht, du kommst in die Stube, bei Tag, bei Nacht: Es ist immer da, es kann wohl der liebe Gott sein." Allmählich überzeugten sich die anderen davon. „Aber wir brauchen einen kleinen Gegenstand, den man überall mittragen kann, sonst hat es ja keinen Sinn. Leert einmal alle eure Taschen aus." Da zeigten sich nun sehr seltsame Dinge: Papierschnitzel, Federmesser, Radiergummi, Federn, Bindfaden, kleine Steine, Schrauben, Pfeifen, Holzspänchen und vieles andere, was sich aus der Ferne gar nicht erkennen lässt, oder wofür der Name mir fehlt. Und alle diese Dinge lagen in den seichten Händen der Kinder, wie erschrocken über die plötzliche Möglichkeit, der liebe Gott zu werden, und welches von ihnen ein bisschen glänzen konnte, glänzte, um dem Hans zu gefallen. Lange schwankte die Wahl. Endlich fand sich bei der kleinen Resi ein Fingerhut, den sie ihrer Mutter einmal weggenommen hatte. Er war licht, wie aus Silber, und um seiner Schönheit wurde er der liebe Gott. Hans selbst steckte ihn ein, denn er begann die Reihe, und alle Kinder gingen den ganzen Tag hinter ihm her und waren stolz auf ihn. Nur schwer einigte man sich, wer ihn morgen haben sollte, und Hans stellte in seiner Umsicht dann das Programm gleich für die ganze Woche fest, damit kein Streit ausbräche.

Diese Einrichtung erwies sich im Ganzen als überaus zweckmäßig. Wer den lieben Gott gerade hatte, konnte man auf den ersten Blick erkennen. Denn der Betreffende ging etwas steifer und feierlicher und machte ein Gesicht wie am Sonntag. Die ersten drei Tage sprachen die Kinder von nichts anderem. Jeden Augenblick verlangte eines den lieben Gott zu sehen, und wenn sich der Fingerhut unter dem Einfluss seiner großen Würde auch gar nicht verändert hatte, das Fingerhutliche an ihm erschien jetzt nur als ein bescheidenes Kleid um seine wirkliche Gestalt. Alles ging nach der Ordnung vor sich. Am Mittwoch hatte ihn Paul, am Donnerstag die kleine Anna.

Der Samstag kam. Die Kinder spielten Fangen und tollten atemlos durcheinander, als Hans plötzlich rief. „Wer hat denn den lieben Gott?" Alle standen. Jedes sah das andere an. Keines erinnerte sich, ihn seit zwei Tagen gesehen zu haben. Hans zählte ab, wer an der Reihe sei; es kam heraus: die kleine Marie. Und nun verlangte man ohne weiteres von der kleinen Marie den lieben Gott.

Was war da zu tun? Die Kleine kratzte in ihren Taschen herum. Jetzt fiel ihr erst ein, dass sie ihn am Morgen erhalten hatte; aber jetzt war er fort, wahrscheinlich hatte sie ihn hier beim Spielen verloren.

Und als alle Kinder nach Hause gingen, blieb die Kleine auf der Wiese zurück und suchte. Das Gras war ziemlich hoch. Zweimal kamen Leute vorüber und fragten, ob sie etwas verloren hätte. Jedesmal antwortete das Kind: „Einen Fingerhut", – und suchte. Die Leute taten eine Weile mit, wurden aber bald des Bückens müde, und einer riet im Fortgehen: „Geh lieber nach Haus, man kann ja einen neuen kaufen." Dennoch suchte Mariechen weiter. Die Wiese wurde immer fremder in der Dämmerung, und das Gras begann nass zu werden. Da kam wieder ein Mann. Er beugte sich über das Kind: „Was suchst du?" Jetzt antwortete Mariechen, nicht weit vom Weinen, aber tapfer und trotzig: „Den lieben Gott." Der Fremde lächelte, nahm sie einfach bei der Hand, und sie ließ sich führen, als ob jetzt alles gut wäre. Unterwegs sagte der fremde Mann: „Und sieh mal, was ich heute für einen schönen Fingerhut gefunden habe. –"

Die Abendwolken waren schon längst ungeduldig. Jetzt wandte sich der weise Wolkerich, welcher indessen dick geworden war, zu mir: „Verzeihen Sie, dürfte ich nicht den Namen des Landes – über welchem Sie –"

Aber die anderen Wolken liefen lachend in den Himmel hinein und zogen den Alten mit.

Unverlässlich

Rose Ausländer

Wir
zwischen Himmel und Erde
beiden hörig

Abglanz
Echo

Wirklichkeit
unser unverlässliches
Märchen

2
Denn Winter hat ein heimliches Blühen

Trostaufruf und Gottes königliches Kommen

Aus dem Buch Jesaja 40,1–5

„Tröstet, tröstet mein Volk", spricht euer Gott. „Redet Jerusalem zu Herzen und ruft ihr zu, dass sie vollendet hat ihren Frondienst, dass gesühnt ist ihre Schuld, dass sie empfangen hat aus der Hand des Herrn Doppeltes für all ihre Sünden!"

Eine Stimme ruft: „In der Wüste bahnt den Weg des Herrn, ebnet in der Steppe eine Straße für unseren Gott! Jedes Tal soll sich heben, jeder Berg und Hügel sich senken. Was krumm ist, soll gerade werden, und was hüglig ist, werde eben. Dann offenbart sich die Herrlichkeit des Herrn, alles Fleisch wird sie sehen. Ja, der Mund des Herrn hat gesprochen."

Wie sehr loben ihn die kinder

dorothee sölle

Wie sehr loben ihn die kinder
die in den tag hineinfliegen
hundert arme buddhas ausgebreitet
die reißverschlüsse noch offen
entziffern sie
das telegramm der engel
den ersten schnee

Der Heilige sah weit über sie hinweg*

Ilse Aichinger

Advent bedeutet Ankunft und meint das Warten, die Vorbereitung auf die Ankunft des Herrn. Es ist eine Zeit des Ausschauens und des Hoffens. Auch Ilse Aichingers Roman „Die größere Hoffnung" erzählt von einer Hoffnung. Einer Hoffnung, die sich allerdings zunächst an einer unerbittlichen Wirklichkeit zerschlägt. Diese Hoffnung findet sich dann erst nach vielen Fragen und Dunkelheiten in einer paradoxen größeren Hoffnung aufgehoben und geborgen. Der Roman aus dem Jahre 1948 erzählt von der Ausgrenzung jüdischer und halbjüdischer Kinder im nationalsozialistischen Wien. Bei wem kann man sich über all die Ungerechtigkeiten, die einem das Leben antut, beschweren? – Ellens Auswahl fällt auf den heiligen Franz Xaver, dessen Fest am 3. Dezember gefeiert wird. Der Heilige, dem selbst – trotz all seiner großen Erfolge – seine größte Sehnsucht, die Missionierung Chinas, verwehrt blieb, scheint ein passender Ansprechpartner. Doch zunächst enttäuscht er Ellens Hoffnung. Der Heilige bleibt stumm. Und doch findet Ellen in diesem Gespräch zu einer größeren Hoffnung, zu einer merkwürdigen inneren Freiheit, die ihr hilft, über das Wasser zu gehen.

Zögernd betrat Ellen die menschenleere Kirche, überlegend bis zur letzten Sekunde, ob es nicht besser wäre, umzukehren. Sie fühlte sich gedemütigt und verabscheute ihre eigenen Schritte, die die Stille des Raumes zerbrachen. Sie riss die Mütze vom Kopf und setzte sie wieder auf, den Zeichenblock hielt sie fester als vorher. Verwirrt musterte sie die Heiligenbilder an den Seitenaltären. Bei welchem von allen konnte sie es wagen, sich über den Blinden zu beschweren?

Dunklen Blickes, das Kreuz in der erhobenen, hageren Hand, stehend auf einem glühenden Gipfel, zu welchem gelbe, erlösungsheischende Gesichter empordrängten, wartete Franz Xaver. Ellen blieb stehen und hob den Kopf, aber sie bemerkte, dass der Heilige weit über sie hinwegsah. Vergebens suchte sie seine Blicke auf sich zu lenken. Der alte Maler hatte richtig gemalt. „Ich weiß nicht, weshalb ich gerade zu dir komme", sagte sie, aber es fiel ihr schwer. Sie hatte diejenigen niemals verstanden, denen es Vergnügen machte, in die Kirche zu gehen, und die schwelgend davon sprachen wie von einem Genuss. Nein, es war kein Genuss. Eher war es ein Leiden, das Leiden nach sich zog. Es war, als streckte man jemandem einen Finger hin, der viel mehr als die ganze Hand wollte. Und beten? Ellen hätte es lieber gelassen. Vor einem Jahr hatte sie Kopfspringen gelernt, und es ging ähnlich. Man musste auf ein hohes Sprungbrett steigen, um tief hinunter zu kommen. Und dann war es immer noch ein Entschluss, zu springen, es hinzunehmen, dass Franz Xaver nicht hersah, und sich zu vergessen.

Aber es musste sich jetzt entscheiden. Ellen wusste noch immer nicht, weshalb sie sich mit ihrer Bitte gerade an diesen Heiligen wandte, von dem in dem alten Buch stand, dass er zwar viele fremde Länder bereist hätte, angesichts des ersehntesten aber gestorben war.

Angestrengt versuchte sie, ihm alles zu erklären. „Meine Mutter ist drüben, aber sie kann nicht für mich bürgen, niemand bürgt für mich. Könntest nicht du –" Ellen zögerte, „ich meine, könntest nicht du jemandem eingeben, dass er für mich bürgt? Ich würde dich auch nicht enttäuschen, wenn ich erst einmal in der Freiheit bin!"

Der Heilige schien verwundert. Ellen merkte, dass sie nicht genau gesagt hatte, was sie meinte. Mit Mühe schob sie beiseite, was sie von sich selbst trennte.

„Das heißt, ich würde dich keinesfalls enttäuschen – auch wenn ich hierbleiben, auch wenn ich in Tränen ertrinken müsste!"

Wieder schien der Heilige verwundert und sie musste noch weiter gehen.

„Das heißt, ich würde nicht in Tränen ertrinken. Ich würde immer versuchen, dir keinen Vorwurf zu machen, auch dann, wenn ich nicht frei würde."

Noch ein einziges stummes Verwundern Franz Xavers und die letzte Tür wich zurück.

„Das heißt, ich meinte – ich weiß nicht, was notwendig ist, damit ich frei werde."

Ellen kamen die Tränen, aber sie spürte, dass Tränen dieser Unterhaltung nicht gerecht wurden.

„Ich bitte dich: Was immer auch geschieht, hilf mir, daran zu glauben, dass irgendwo alles blau wird. Hilf mir, über das Wasser zu gehen, auch wenn ich hierbleiben muss!"

Das Gespräch mit dem Heiligen war zu Ende. Alle Türen standen offen.

may my heart always

e. e. cummings

may my heart always be open to little
birds who are the secrets of living
whatever they sing is better than to know
and if men should not hear them men are old

may my mind stroll about hungry
and fearless and thirsty and supple
and even if it's sunday may i be wrong
for whenever men are right they are not young

and may myself do nothing usefully
and love yourself so more than truly
there's never been quite such a fool who could fail
pulling all the sky over him with one smile

immerdar möge mein herz

übersetzt von eva hesse

immerdar möge mein herz kleinen vögeln
offenstehn denn sie sind das geheimnis des lebens
was sie auch singen ist besser als wissen
wenn menschen sie nicht mehr hören dann sind sie alt

immerdar möge mein sinn rumlungern
hungrig durstig beweglich ohne bang
und selbst am sonntag mög ich unrecht haben
denn wer so recht hat der ist nicht mehr jung

und mög ich für mein teil nützlich nichts tun
und dich für deins viel mehr als wahrlich lieben
denn keiner ist so blöd dass er nicht wüsst
mit einem lächeln sich den himmel umzunehmen

Am 4. Dezember

Josef Guggenmos

Gehe in den Garten am Barbaratag.
Gehe zum kahlen Kirschbaum und sag:

Kurz ist der Tag, grau ist die Zeit.
Der Winter beginnt, der Frühling ist weit.

Doch in drei Wochen, da wird es geschehn:
Wir feiern ein Fest, wie der Frühling so schön.

Baum, einen Zweig gib du mir von dir.
Ist er auch kahl, ich nehm ihn mit mir.

Und er wird blühen in leuchtender Pracht.
Mitten im Winter in der Heiligen Nacht.

Verkündigung

Die Worte des Engels

Rainer Maria Rilke

Du bist nicht näher an Gott als wir;
wir sind ihm alle weit.
Aber wunderbar sind dir
die Hände benedeit.
So reifen sie bei keiner Frau,
so schimmernd aus dem Saum:
ich bin der Tag, ich bin der Tau,
du aber bist der Baum.

Ich bin jetzt matt, mein Weg war weit,
vergib mir, ich vergaß,
was Er, der groß in Goldgeschmeid
wie in der Sonne saß,
dir künden ließ, du Sinnende,
(verwirrt hat mich der Raum).
Sieh: ich bin das Beginnende,
du aber bist der Baum.

Ich spannte meine Schwingen aus
und wurde seltsam weit;
jetzt überfließt dein kleines Haus
von meinem großen Kleid.

Und dennoch bist du so allein
wie nie und schaust mich kaum;
das macht: ich bin ein Hauch im Hain,
du aber bist der Baum.

Die Engel alle bangen so,
lassen einander los:
Noch nie war das Verlangen so,
so ungewiss und groß.
Vielleicht, dass etwas bald geschieht,
das du im Traum begreifst.
Gegrüßt sei, meine Seele sieht:
du bist bereit und reifst.
Du bist ein großes, hohes Tor,
und aufgehn wirst du bald.
Du, meines Liedes liebstes Ohr,
jetzt fühle ich: mein Wort verlor
sich in dir wie im Wald.

So kam ich und vollendete
dir tausendeinen Traum.
Gott sah mich an: er blendete …

Du aber bist der Baum.

Piero della Francesca, Verkündigung. Ausschnitt aus dem Fresken-zyklus „Die Legende vom wahren Kreuz", Basilica di San Francesco, Arezzo (15. Jh.)

Der Lobgesang Mariens*

Aus dem Evangelium nach Lukas 1,46–55

Es ist charakteristisch für das Lukasevangelium, dass die Menschen dort, wo sie das Heil und das Zugegensein Gottes erfahren, zu singen beginnen. So Zacharias bei der Geburt seines Sohnes Johannes, Maria bei der Begegnung mit Elisabeth und der greise Simeon im Tempel. Auch in der Offenbarung des Johannes zeigt sich die Erwählung und die Erlösung gerade darin, dass jene, die zu Christus gehören, das neue Lied weitersingen, das vom Himmel herabkommt (Offb 14,3).

Da sagte Maria:
Meine Seele preist die Größe des Herrn,
und mein Geist jubelt über Gott, meinen Retter.
Denn auf die Niedrigkeit seiner Magd hat er geschaut.
Siehe, von nun an preisen mich selig alle Geschlechter.
Denn der Mächtige hat Großes an mir getan
und sein Name ist heilig.
Er erbarmt sich von Geschlecht zu Geschlecht
über alle, die ihn fürchten.
Er vollbringt mit seinem Arm machtvolle Taten:
Er zerstreut, die im Herzen voll Hochmut sind;
er stürzt die Mächtigen vom Thron
und erhöht die Niedrigen.
Die Hungernden beschenkt er mit seinen Gaben
und lässt die Reichen leer ausgehen.

Er nimmt sich seines Knechtes Israel an
und denkt an sein Erbarmen,
das er unsern Vätern verheißen hat,
Abraham und seinen Nachkommen auf ewig.

Der hingehaltene Faden

Klaus Gasperi

Am Rande der Istanbuler Altstadt, in der Erlöserkirche von Chora, findet sich mit den Mosaiken, die das Leben Jesu und Mariens schildern, eines der wichtigsten Zeugnisse spätbyzantinischer Kunst. Noch vor den theologischen Formulierungen erzählen diese Bilder bzw. die zugrunde liegenden Legenden aus den apokryphen Schriften die Geschichte von der von Anfang an bestehenden Erwählung Mariens:

Maria wächst mit anderen jungen Frauen im Tempel heran. Als die jüdischen Priester beschließen, dass für den Tempel ein neuer Vorhang angefertigt werden soll, wird durch das Los bestimmt, wer welche Farben spinnen darf. Maria erhält den purpurnen Strang und geht damit heim in das Haus ihrer Eltern in Nazareth. Als sie das Purpur in die Hand nimmt, um daraus Wolle zu spinnen, tritt der Engel zu ihr und verkündet ihr die Geburt des Messias.

Das Purpur ist die Farbe der Könige und der sprichwörtlich rote Faden ist es, der Maria das Geheimnis ihres Lebens und ihre Erwählung anzeigt, ihr den Grundton ihres Lebens verdeutlicht. Von diesem Sprechen der Dinge erzählt auch „Der Engelskranz" von Regina Ullmann. Gerade dort, wo Trauer und Abschiedsschmerz unseren Blick verstellen und begrenzen, erinnern uns die Dinge an unsere wirkliche Heimat und rufen uns leise in unser „Zuhause".

*Maria erhält von den Tempelpriestern einen Strang purpurne Wolle,
Chora-Kirche, Istanbul (14. Jh.).*

Der Engelskranz

Regina Ullmann

Das Feuer brannte im Kamin und warf verklärten Goldglanz – denn es ist Botin des großen Lichtes – auf einen in meisterlicher Holzarbeit prangenden Fußboden. Aller Länder Bäume schienen an diesem Werke teilzuhaben; um einen Kranz aus Blumen darzustellen, an deren Kelchen anstatt der Bienen und der Schmetterlinge Amoretten schwebten. Es ist zu verstehen, dass in einem solchen Raume, in diesem Falle war es ein Rundsaal, die Möbel weit hinausgeschoben, ja meistenteils den Wänden entlang aufgestellt waren. Und wenn man zu den Fenstern hinüber einen Blick tat, konnte man Wälder, nichts als Wälder erblicken und begreifen, dass zu ihren Ehren jener Kranz von einem Meister seines Faches gleichsam geflochten worden war. Wohl um sein Lob zu singen und um zu zeigen, was es vermag, edles Holz, und es sprechen zu lassen.

Lobsingen auf seine Weise, das tat denn auch ein halbwüchsig Ding, welches in Wintervermummung an einer Türe stand. In seiner Einfachheit war's beinah ein Gebet, das sein bewundernder Blick aussprach. Und so ist's zu begreifen, dass es darauf vergaß, der in dem Raume befindlichen Gestalt sich bemerkbar zu machen. Aber auch sie war in Betrachtungen versunken. Denn Winter hat ein heimliches Blühen, eine Pracht, die auch zu dem Traurigen spricht, vor allem aber zu dem Alter.

„Hat es ein Abschied in sich, immer so schwer sich zu gestalten?", frug sich die alte Dame. Denn es war der letzte Winter, welchen sie hier in diesem Schlosse als Herrin, als Besitzerin verbringen sollte. Der Kontrakt der Übergabe lag zur Unterschrift bereit. Der Glanz, der da ein letztes Mal vor ihren Augen sich entfaltete, schien keine Eingebung mehr ihr zu gewähren und diese Stunde des Tages, es war ein Vormittag, wie so manch andere sich abzuwandeln. Denn vergeblich hatte die alte Dame Jahr um Jahr erwogen, wie sie den mählichen Verfall eines großen Vermögens abwenden könne. Die Salinen, die Wasserkraft, weit draußen die Pachtgüter: Alles gehörte letzter Dinge bereits nicht mehr ihnen. Nur das Schloss selber, der weitläufige Park, die bis in bläuliche Ferne schimmernden Waldhügel schienen unantastbar und eine Welt für sich, und trotz der wechselvollen Zeiten wie durch ein Wunder ihnen immer wieder erhalten geblieben. Eben diese Stunde schien der alten Dame das kundtun zu wollen. Aber in ihrer Trauer verstand sie es nicht. Sie gab sich ihr preis, wie der vom Unheil Überraschte es zu tun pflegt. Die Verwöhnung des Reichtums hatte die Frau weltunkundig gemacht, und noch vor wenigen Tagen glaubte sie einen freiwilligen Entschluss ihres Gatten in der entscheidenden Maßnahme zu sehen.

Nun hatte das Landmädchen dort an der Türe für seine Trage den geeigneten Stützpunkt gefunden und sie auch schon zu Boden gestellt. Krippenfiguren enthielt sie, in Waldheu, in Moos gebettete, die sie der hochgetürmten Last entnahm. Sie blies sie ein wenig an, als ob sie ihnen Leben einhauchen müsse. Aber es war nur ein Akt der Sorgfalt, den sie ihnen damit angedeihen ließ, ja eine Art von Abschiednehmen. Sie hatte wohl auch ihren Teil an der Kunstfertigkeit gehabt. Wenn auch vielleicht nicht an der, die die menschlichen Gestalten geschaffen. Um Männlein und Weiblein zu bilden, die jungen oder die alten, hatte es einer meisterlichen Erfahrung bedurft. Die Engel schienen lange in diesen Wäldern verweilt zu haben, sie waren menschennah. Und doch waren es Engel. Die Hirten, herbeigerufen, trugen, wie alle die Figuren, die nach und nach zum Vorschein kamen, noch keine Gewandung. Aber der Holzschnitzer hatte mit seiner Arbeit nicht gespart, wenn auch manches, was später mit Nadel und Schere ausgeführt werden sollte, nur angedeutet war.

Vielleicht wollte das gute Kind, während es alles auspackte, ein wenig gelobt sein. Denn es hielt lange das Eselein hin. Aber dann stellte es dasselbe als ein Nichtbeachtetes weit von sich ab. Das sei nun seit langen Jahren die erste Sendung wieder und wohl auch zugleich die allerletzte, verkündete es – im Namen seines Großvaters. Die Baronin solle die Krippe samt den zahlreichen Begleitfiguren, die im Schlitten nachfolgten, in die Stadt mitnehmen. Sie sei ein Andenken an die Heimat. Mit hellem, fast singendem Stimmlein sagte es die Botin und wollte auch, nachdem sie das Heu in den Korb zurückgetan hatte, sich wieder entfernen, als die Beschenkte erst so recht an dem Vorgange wirklichen Anteil nahm, wenn auch den einer vom Schicksal schwer Bedrückten. „Der Baron hatte vor längerm schon vor, nach deinem Großvater zu sehen. Er wollte ihn selber aufsuchen. Nach Neujahr. Nun aber wird er sich vielleicht bälder einfinden. Ja", fügte die alte Dame in einer plötzlichen Eingebung hinzu, „wir werden beide kommen, beide …" Und schon wieder war sie von dem feinen Nebelgespinst der Traurigkeit umgarnt. Nur weil sie's so gewohnt war, frug sie nach dem Wohlbefinden des alten Försters und seiner Ehegesponsin, nach dem Bruder, den Eltern des vor ihr stehenden Mädchens und ergriff schließlich den perlbestickten Klingelzug, um die Beschließerin herbeizurufen und ihrer Obhut den jungen Gast zu übergeben.

Aber die Ankunft dieses Waldkindes sollte sich als segensvoll und als Ausdruck höherer Botschaft erweisen. Denn nun begann die Baronin nach alter Gepflogenheit sich um die Bekleidung der Krippenfiguren zu kümmern. Zu diesem Zwecke musste sie sich in ein entlegenes Schrankzimmer begeben. Aber weil Ordnung in ihrer Welt herrschte, fand sie gleich gebündelt in Menge das, was sie suchte. Und bald folgte ihr eine Dienerin mit Schachteln, in welchen

Ein Hirte an der Krippe. Ausschnitt aus einer von Hans Knapp gestal-
teten Weihnachtskrippe (21. Jh.).

Brokat, Seide und Sammet, Pelzrestchen, Gold- und Silbergewirktes, aber auch Grobleinenes sich befanden. Ja, kleine hübsche Lederrestchen waren da zu finden gewesen und schließlich Köstlichkeiten der Goldschmiedekunst kleinsten Formats: Weihrauchgefäße, Kelche, sogar eine Krone und Halbedelsteine, die wohl nicht gefasst werden sollten, sondern als frommes Angebinde eines der Drei Heiligen Könige gelten mochten. Aber früh geübte, von Kindheit an gewohnte Arbeit beseligt. Und hier war der eifervolle Fleiß noch einer besonderen Wahrnehmung zu verdanken. Die Schlossfrau hatte nämlich in der Gestalt, in den Zügen des heiligen Paares, das zu bekleiden ihr erstes Bestreben war, ihre Vorfahren erkannt. Etwas Hochvermögendes, in den himmlischen Stand Erhobenes, war ihnen eigen. Und die biblische Kleidung, welche sie nun für das heilige Paar zu rüsten begann, brachte dies ihrerseits zum Ausdruck. Denn die Urgroßeltern noch waren einfache Leute gewesen und erst in Würdigung der Verdienste um ihre Landsleute und die vereinsamte Landschaft in den Adelsstand erhoben worden. So war's, als riefen sie sie wieder in den Wald zurück, auf ernste, eindringliche Weise.

„Oh, wir haben uns versündigt, indem wir euer vergaßen. Und das ist jetzt das Ende, die Strafe, die wir erleiden müssen. In die Welt hat's uns hinausgezogen, zu glänzenden Festen, zu Geltung und Besitz. Und dabei haben wir der Armen vergessen. Wie wunderbar waren die einst durch eure Liebe und Umsicht geborgen. Und nun? Dadurch, dass wir sie im Stiche ließen, sind sie der Not und der Willkür der Zeiten anheimgefallen. Wie nur irgendeine in frommem Geiste vollbrachte Arbeit es vermag, waren sie von ihr bestimmt, in Zucht und Ordnung gehalten worden. Und wir mit ihnen. Jawohl: wir mit ihnen." So sprach die Frau zu sich selber, der späten Erkenntnis sich gleichsam reuevoll zu Füßen werfend.

Der taghell blitzende Kronleuchter in dem Rundsaale wetteiferte mit dem Prismenlicht eisbehangener Bäume. Beides blendete die Nähterin und wollte sie aufschauen heißen. Dort hinaus, von woher der Baron nach vergeblicher und demütigender Erkundung zurückkehren müsste. Lieber nicht aufschauen. So fand man vielleicht einen andern Weg, den man sonst allzu rasch wieder aus den Augen verlieren würde: den Weg der Zukunft!

Wie ein Maler, der das Bildnis mit dem Original vergleicht und in raschem Hin- und Widerblicken den Pinsel ansetzt: so führte sie die Nadel! Ein Friede zog dabei in ihr Herz. Ein Friede, der von nichts anderem wissen zu wollen schien als von dem Stand der Armut ihrer Landsleute, der Hinterwäldler da draußen. – Ein heiliger Stand, in den zu treten nicht selten den Reichen verlangt. Und während die Baronin diese und jene Figur nicht wie die beiden Hauptgestalten etwa in dem strengen Gebirg schwerer, nicht zu beredender Stofffalten verschwinden ließ, sondern sie nach landesüblicher Art bekleidete, stellte sich etwas heraus, worauf sie keineswegs gefasst gewesen war. Nämlich nicht nur die beiden Hauptfiguren, sondern auch die andern erkannte sie nun als Gestalten ihres Heimattales. Durch die Nadel erfuhr sie's, sozusagen. Eben, indem sie sie bekleidete. Alte Leutchen, die man in ihrer Kindheit viel genannt, die nicht mehr waren, solche, die sozusagen über sie hinausgewachsen, gaben sich in der Kleidung, die sie ahnungsvoll als die einzig richtige für sie erwählte, ihr nun zu erkennen. Der Holzschnitzer selber, wie er leibte und lebte und der ein Brot in der Hand hielt. So, als wolle er damit andeuten, dass Holz auch Brot sein könne. Mit fieberndem Eifer wirkte sie an dem – wie sie's bedünkte – neu entdeckten Krippenwerk. Und jede Figur stellte sie an ihren angestammten Platz. Denn einen solchen gab es da, in dem großen Werke des Krippenschnitzers, das merkte sie bald. Aber wie es sich versteht, wollte das Ganze Stich um Stich erarbeitet sein. Und war sie noch so erfinderisch, so flink und so gewandt, es bedünkte sie doch, sie käme nicht von der Stelle. Sie klingelte die Dienerschaft herbei und Frauen, alte Frauen freilich wie sie, die ehedem mitgewirkt hatten und eine Fertigkeit besaßen, die der ihrigen weit überlegen war. Frauen, die nur darauf gewartet zu haben schienen, dass man sie wieder rufe, endlich wieder rufe! Und die, sobald sie nur ihren Platz wieder einnahmen, wirkten, als liege kein Tag zwischen jetzt und ehedem. Nur, dass sie scheu hie und da in den Raum blickten, in dem sie sich klein vorkommen mussten und in dem die Herrin hin und wider ging und die Figuren rasch, ehe sie noch von Hand zu Hand wandern konnten, einsammelte. Wie etwa Waldfrüchte, und sie alsdann unter einem schmiegsamen Tuche, welches sie über die Krippe gebreitet hatte, jeweils verschwinden ließ.

Es war vormittags gewesen, da das Waldkind mit der weihnachtlichen Sendung zugekehrt war. Und mittags, da noch andere durch das Kind angekündigte Sendungen dieser ersten gefolgt waren. Denn viel ließ sich nicht in einer Trage unterbringen. Und es war Nachmittag geworden, bis die alten Frauen des Tales ihrem Rufe hatten Folge leisten können. Und nun nahte schon die Dämmerung, die allem, was da draußen so zutraulich sich erwiesen, gespenstige Farben verleiht. Und damit war auch schon die Zeit da, in der das Licht des Raumes der mählichen Finsternis da außen nichts mehr zu sagen hat.

Obgleich wahrlich eine kleine Nähnadel kein nennenswertes Geräusch von sich zu geben vermag, so ist man doch versucht zu sagen, dass bei solchem Eifer etwas wie Feuer von ihr ausgehe, welches aber sogleich in den zu bearbeitenden Stoff hinein verschwinde. Und nie vorher Geglaubtes kann dann in kurzer Zeitspanne bewältigt werden. So war's bereits an dem, dass man die handgewobenen und die brokatenen, die seidenen und sammeten Stoffrestchen vom Boden auflesen und bündeln konnte. Und dass man das, was man vor kurzem herbeigeschafft, wieder hinaustragen konnte. Immer noch lag der Kaufkontrakt, der mit einem Federzug alles, was sie in letzter Stunde noch einmal verband, ungültig erklären sollte, auf der Spiegelkonsole. Und wer es nicht scheute, konnte in dem Glase in Spiegelschrift den bedrohlichen Wortlaut lesen. Und der Eifer und die Bedrohung standen in einer eigenen Spannung zueinander, machten das Ganze unnatürlich. Man wusste nicht mehr, was man davon halten sollte. Da wurden jene herbeigerufen, welche nicht an der Arbeit teilgehabt. Und wie eine Enthüllung, ja, sie im eigentlichsten Sinne durfte es genannt werden: das Heben und Hinwegtuen der schützenden, die Krippe verbergenden Decke. Und langes Schweigen folgte darauf. Fast zu lange hätte es einen Fremden, Uneingeweihten bedünkt. – Er hätte gewiss vermutet, die Krippe gefalle den guten Leuten nicht. Irgendetwas an ihr befremde sie. Aber nein: Sie fassten ein wenig ungelenk den Eindruck, der sich ihnen zur Gewissheit verdichtete, in den Worten zusammen: „Das sind ja wir, das sind ja wir!" Und sie wiesen nach allen Seiten, und alten Leuten musste man das Figürchen, zu dem sie, ohne es zu wissen, Modell gestanden, in die Hand geben. Und sie fürchteten sich schier, denn so etwas war ihnen noch nicht vorgekommen. Auch die Kinder, die herbeigerufen wurden, konnten sich kaum beruhigen. Und wie sie in schafwollenen Strümpfen und doch noch auf Fußspitzen herzutraten, um schließlich in sich versunken abseitszustehen, traurig, wie verloren, mochte man ihnen die Gedanken, die sie nun bedrückten, aus jeder ihrer Bewegungen, nicht nur vom Gesicht, ablesen. Und gewiss wär's der traurigste Lohn gewesen, den sie je im Leben empfangen, hätte nicht einer, der so recht dazu berufen war, sich nun, just in diesem Augenblicke eingefunden: der Hausherr. Zu seiner Seite ein Jüngling, ein Anverwandter, der eigens hergereist war, um die bösen, die unerbittlichen Tage des Wegzuges dem alten Paare überstehen zu helfen, und der dem Großonkel glücklicherweise unterwegs begegnet war. Vergebens waren sie durch die Gegend geritten und hatten da und dort ein letztes Mal vorgesprochen. Und gleichsam einen Kreis beschreibend, waren sie nun wieder zu dem Schlosse – hoffend und doch nicht zu hoffen wagend – zurückgekehrt. Der Junge eben so viel Frische bei dem Ritte in sich aufgenommen habend, als nötig war, um seine Haltung zu bewahren und etwa Ratschläge erteilen zu können, wenn dies von ihm erwartet werden sollte; der alte Mann aber nun plötzlich wie in einem Nebel sich befindend. „Ja", dachte er halb kindisch, „da sind nun Leute. Weiß der Himmel warum. Und feiern Weihnachten. Es könnte einem das Herz brechen. Und der Jüngling nimmt alles in Augenschein. Und er drückt einem andern Manne die Hand. Und er umarmt seine Großtante. Und all das vor der Krippe. Und mich alten Mann haben sie wohl vergessen. Das ist schon so. Aber vielleicht träume ich. Und wo ich jetzt hingebettet werde, ist mein Alkoven. Gut, wenn sie nur die grünen Vorhänge vorziehen. Ich will von nichts mehr wissen. Vielleicht sterbe ich gar und muss nicht umziehen."

Er hörte nun – man musste es annehmen, denn seine Lider waren nur halb geschlossen –, hörte, aber zunächst nicht Anteil nehmend an dem Geschehen: „Fasse dich, Onkelchen, fasse dich doch. Es ist ja alles wieder gut! Wir werden dahin zurückkehren, wo wir alle hergekommen sind. In den Wald hinausziehen wollen wir, ins Försterhaus, und von neuem dem edeln, so sträflich im Stich gelassenen Heimatwerke uns zuwenden. Allen ist es recht. Allen, gar allen! Und da draußen wird dir erst wieder wohl ums Herz werden. So wohl, wie dir schon lang nicht mehr war. Sage doch ein Wort. Nicke doch wenigstens mit dem Haupte. Damit wir wissen, dass es dir recht ist und dass es mit deinem Einverständnis geschieht." – Da nickte er, denn er war ein höflicher Mann, der alte Baron, und wollte niemand im Wege sein. Er dachte nur noch, von dem Kelchglase rubinroten Weines nippend, welches eine Hand voll Liebe und Mitgefühl darreichte, dass nun seine Frau jung geworden sei bei der Arbeit und das sei sehr sonderbar, höchst sonderbar. Das verstehe er nicht. Das Ganze komme ihm vor wie, nun, wie ein Gelöbnis. Und ähnlich mochten die Frau, der Großneffe, ja alle andern auch die Erneuerung dieses Planes aufgefasst haben, denn sie wirkten mit, wie man nur immer kann, und taten ihr Allermöglichstes. Und das nicht nur an einem Tage, oder für etliche Monate. Schon Weihnachten fand das alte Paar bereits nicht mehr im Schlosse. (Sie hatten es zwar nicht übers Herz gebracht, es zu verkaufen, waren aber genötigt, es mit den dazugehörenden Ländereien einem Pächter zu übergeben.) Und das war gut so. Denn Verwandlung und Gelöbnis: Sie beide wollen ernst genommen sein. Man muss ihnen den Boden bereiten.

Wer in das alte Försterhaus, sei's nun an einem Stecken oder in einem jener Bauernschlitten zur Weihnachtszeit gelangte, war da in eine alte-neue Welt gekommen. So er's von früher her noch wusste, von Eltern und Großeltern her: in eine wohlvertraute. Viele der Werkstätten waren noch intakt und mussten nur entstaubt und neu instand gesetzt werden. Der Großneffe war ihnen kaum von der Seite gegangen und nahm begeisterten Anteil. Und mehr und mehr wurde er Mittler zwischen der Außenwelt und den Hinterwäldlern und lernte mit seinen frischen, unverbrauchten Kräften das ausführen, was das alte Ehepaar ihm anzudeuten wusste. Zwar konnten sie für die herannahende Weihnacht nur eine einzige Fracht mehr in die Welt hinausschicken, auf den Kripperlmarkt, diesen Wald der Großstädte. Aber sie bekränzten ihn mit Girlanden aus Tannenreisern und schmückten ihn mit Schneerosen und Berberitzen, den Schlitten, den sie mit den Holzschnitzwerken bebürdeten, und sahen ihm gerührt, händewinkend, ja mit Tränen in den Augen nach.

Jene erste Krippe aber, mit den Gestalten der Voreltern und all den Wackeren, wurde in einer Waldkapelle aufgestellt. Wohl wie eine fromme Verheißung hielt der hl. Melchior anstatt des Goldes, das er dem Jesuskinde darbieten sollte, ein von der Natur selber schön gestaltetes, kristallhelles Stück Salz, Sinnbild, ja Inbegriff heimatlicher Bodenschätze, auf seinem Handteller. Denn dessen bedarf der Mensch: der tröstlichen Hoffnung des frommen Sich-vor-Augen-Haltens, dass es wohl möglich sei, dass alles, worum er sich durch eigene Schuld oder durch höhere Zulassung gebracht sieht, nach entbehrungsreicher Prüfung aufs Neue in seinen Besitz zurückgelangen kann.

Viel altes Holz war noch vorhanden. Denn das ehedem mit Umsicht Begonnene und zum Wohle vieler Gedachte konnte nicht ohne einen gewissen Grundstock geblieben sein. Dass es sich selber zum Verkünder werde, das Kripperlwerk dieser Hinterwäldler, dafür durfte ererbte Begabung Sorge tragen. Und mit der Zeit liefen Briefe von Klöstern und weltlichen und kirchlichen Persönlichkeiten ein und ließen zur Wahrheit werden, was selten genug sein mag: das Wiederaufleben einer bereits in Vergessenheit geratenen, frommen Volkskunst.

Doch ist anzunehmen, dass der Anverwandte nur eine Festigung, ein Sichbehaupten in der wiedergewonnenen Tätigkeit erlangte. Und dass Kind und Kindeskinder ihre Treue und Beständigkeit erweisen mussten und Liebe und Verbundenheit zu den Stillen im Lande, bis es ihnen möglich ward, Schloss und Park abermals in Besitz zu nehmen und des schönen Vorsaals mit dem Kranze kunstvoll eingelegter Holzarbeit sich zu erfreuen, dem Blumenkranze, an dessen Kelchen anstatt der Bienen und der Schmetterlinge Amoretten schwebten, von den Wäldern draußen still beschirmt und ihnen ein Loblied singend!

3
Die Last der Zeit

Öffnet uns doch die Pforte

Simone Weil

übersetzt von Friedhelm Kemp

Öffnet uns doch die Pforte, und wir werden die Gärten sehen,
wir werden das kühle Wasser trinken, wo der Mond seine Spur
hinterließ. Die lange Straße brennt, sie ist den Fremden feind.
Wir irren und wissen nicht wo und finden keine Stelle.

Wir wollen Blumen sehen. Hier ist der Durst über uns.
Wartend und leidend, sind wir hier vor der Pforte.
Wenn es sein muss, werden wir diese Pforte mit unseren Schlägen
zertrümmern.
Wir drücken und stoßen, aber die Schranke ist zu stark.

Man muss schmachten, warten und vergeblich schauen.
Wir schauen die Pforte; sie ist verschlossen, nicht zu erschüttern.
Wir heften unsere Augen darauf; wir weinen unter Qualen;
wir sehen sie immerzu; die Last der Zeit drückt uns nieder.

Die Pforte ist vor uns; was nutzt es uns, zu wollen?
Besser, wir gehen davon, lassen die Hoffnung fahren.
Wir werden niemals eintreten. Wir sind des Schauens müde …
Auf tat sich die Pforte und ließ so viel Schweigen hindurch,

dass keine Gärten erschienen und keine Blume;
nur unermesslich der Raum, in dem die Leere und das Licht sind,
war plötzlich anwesend allenthalben, erfüllte das Herz,
und wusch die Augen, die erblindeten fast unter dem Staub.

Stoßgebete für die Nacht

Christine Busta

I.
Segne die für uns leiden,
tröste die wir heut kränkten,
wir sind so schwach und vergesslich.
Fülle die Brunnen wieder,
halte die Bäcker wach,
dass unser Brot nicht verbrennt,
wir sind so bedürftig.

II.
Zeig den Schlaflosen Deine Sterne,
ruf den Verlassenen zu als Heimchen,
schick den Kranken den Hauch der Linde
und eine Brise Salzwind den Toren.

III.
Was Du auch vorhast
mit Deiner Welt,
die kleinen Felle der Liebenden
lass ungeschoren,
dass sie einander wärmen
wider den Tod.

IV.
Mache die Mütter stark und zärtlich,
mache die Väter geduldig und treu,

und den Kindern
gib Ohren wie Gras und Laub,
Dein Licht zu erhören.

V.
Schenke den Alten Schlaf,
leicht wie zerbrechlichen Eiern
die Wärme der Vogelmutter,
dass ihrem Tod
von innen Flügel und Schnabel wachsen,
Gesang fürs andere Leben.

Die Stille als Eingang des Geistigen

Christine Lavant

Wir „Zwischengeschöpfe" müssen – und dürfen – mit unserer Sehnsucht, dem „Durst der Sinne" leben. Da scheint es mehr Irrwege als Wege zu geben – und am Grunde all dieser rastlosen Suche wohnt die unersättliche „doppelmündige Angst".

Und doch sind sie auffindbar, die Momente „strengster Gnade", in denen die Scheune am Rand zur Wegmarke wird, die vom „Irresein der Zerstreuung" befreit, ebenso wie die Farbmuster des Teppichs. Wenn man das nur immer wüsste, dass die Farbtönung eines Teppichs genügt an „beschirmender Harmonie", an Trost und Zuspruch.

Wo gehen wir hin?
Immer nach Hause.
Novalis

Vor jeder unserer Wesenserhöhungen, ob sie im Empfangen des eindringenden Geistes oder im bewussten Überschreiten der Grenzlinie zwischen den beiden Gegen-Gegenden der Stumpfheit und des Wachseins geschieht, liegt quer wie ein Riegel die Ortschaft der Stille. Wie kommen wir hin? Vielleicht wurden die Früheren zur rechten Zeit von ihren Engeln, je nach ihrem Gehör, angerührt, ergriffen oder im Genick gepackt und dort abgesetzt, von wo aus sie mit einem gewöhnlichen Schritt schon dahin gelangten. Wir sind Zwischengeschöpfe, in Maßlosigkeit gestürzt, nicht der Einfalt fähig und nicht der Weisheit. Die Stille fällt uns nicht zu. Sie ist überall, aber nirgends für den Vermessenen. Sie hat sich nicht entfernt, denn sie ist der Mutterort der Verwirklichung. Manchmal sieht sie uns an mit den Augen des Paradieses. Wir sind ihre Verlorenen, verarmt an Wirklichkeit. Wenige Tage wissen wir es. Dann ist da das entsetzte Verlangen nach Umkehr. Heimkommen! Heimkommen! – Aber die Sinne helfen uns nicht auf den Weg. Alles: Gehör, Gesicht, Geruch tritt raffend dazwischen und wirft uns die Welt ins Gemüt, in das ewig Hungrige, ewig Dürstende in uns.

Dort, wo wir Erde und Wasser sind, wo die Früchte des Friedens reifen und die Gestirne der Heimkunft sich spiegeln sollen, dort bricht es ein. Nicht weil wir Sinne haben, geschieht uns das, sondern weil in der Wurzel der Sinne die doppelmündige Angst tobt: Ich verdurste! Ich ertrinke!

– Wer das einmal erkennt, wie die Verzweiflung immer von Begierde und Furcht kommt, der sieht weit zurück ins Verlorene. Er kann, wenn er der Sinne mächtig blieb, das Herz an ihre Stelle setzen und damit kreuz und quer gehen; er kann sein wie ein Tänzer zwischen allem, was sich dreht – Sonne, Mond, Sterne – ein Stück Kosmos, blindlings in die Ordnung eingeschwungen. Wem aber das Herz verhärtet ist in der Ödnis unwahrer Maße, dem schenkt sich die Ordnung nicht mehr. Ihn bedroht sie mit den Bildern von Dürre und Flut. Sein Mut ist verstört, und er selbst entmutigt die Kräfte, die sich zum Gleichmut ordnen möchten. Der Gleichmut weiß mit seinen Ängsten zu hausen, ohne Gebärden des Schreckens nach außen zu werfen. Sein Umkreis von Stille freilich ist undurchdringlich, ein versiegeltes Beharren.

Und da ist auch die Schwermut, diese Niedertracht des Gemüts. Sie ist der verkümmerte Heiland in ihm. Ihre Sammlung hat das Mal der Versuchung. Sie ist wohnbar wie ein Haus, darin sich essen und träumen lässt und schlafen. In sie dringt die Mühsal im blauen Mantel der Weisheit ein. Das Leid nimmt wie zu Tafelfreuden seine Plätze ein: Kommt her, ich bin deine Stillung! – Wer dieser Stimme widersteht, der erschüttert sein ganzes Gemüt auf alle

Gefahr hin. Seine Sinne können verscheucht werden und nie mehr zurückfinden. Aus dem Zwiespalt kann Feuer hervorbrechen oder Wasser: Eine neue Angstwurzel wäre gezeugt. – Aber es mag auch geschehen, dass du aus dem Widerstand inmitten deiner behausten Höhle plötzlich ganz anders aufatmest und dass du dabei den Duft einer fremden Freudigkeit in deinen Geruch bekommst und den Geschmack des ewigen Lebens auf die Zunge, so dass die Hand ungeheißen sich erhebt, um das Zeichen der Demut und des Dankes über Stirn und Mund zu machen, weil beide noch betäubt sind. Wem je die Hölle so unterbrochen worden ist, der weiß für immer, dass das Wesen der Opferung noch umgeht zwischen Himmel und Erde; dass in jeder Stunde angeboten und erwählt wird, erwählt und umgewandelt von Blei zu Gold, von Lehm zu Hauch. Und alles im Verborgenen, am Mutterort alles Wesens, in der Stille.

Dort findet sich auch die Sanftmut ein. An den Sanftmütigen ist nichts Vollkommenes, an ihnen ist nichts völlig Rundes, nichts rundum Erstrahlendes, und ihre Stille ist eigentlich nur Erhoffen und Bereitschaft. Sie sitzen unter ihrem Baum wie tragende Mütter. Ohne Begehren schicken sie Sinne aus, Lärm und Schweigen, Nacht und Tag zu durchqueren; dranglos kehren sie wieder, Botschafter und Kundschafter zugleich, ohne die Last der Erwartung. Wundert dich das? – Die Stille ist ein Gut, das wir niemals vorfinden, weder außen noch innen. Sie muss erworben werden. Unerreichbar ist sie für niemand. Noch über das erregteste, noch über das stumpfeste Gemüt kommen immer wieder Augenblicke strenger Gnade, während welcher ihm die Erkenntnis der Not und des Notwendigen aufleuchtet. Die rechten Entschlüsse rücken nahe. Einer wird sich sänftigen, der andere sich ermutigen müssen, um in den Zustand der Aufmerksamkeit einzutreten. So geschieht der erste Schritt zur Stille hin. Er muss die eigene Kraft anstrengen um den Lohn von Halt und Verhaltenheit. Wer so bereitet ist, dem wird vielfältig weitergeholfen, ihm erscheinen die Wegmarken. Durch und durch erregt ihn die Gewissheit, dass dieser Weg schon gegangen worden ist, bewusst gegangen, nicht hingetaumelt! Dass vor ihm schon Mühselige jeder Art sich vom Irresein der Zerstreuung befreit haben; dass sie zu Kräften kamen – mehr noch – zu einem Überfluss für die Nachkommenden. In allen Künsten trifft den Aufmerksamen die Kunde: aus Linien, aus Farben, aus bestimmten Haltungen der Heiligen oder auch nur aus deren Fingerstellung; aus Tönungen von Teppichen spricht es uns an: leise, lenkend, dass wir schauen und hören sollen. Das Gleiche ist, außerhalb der Künste, oft in Einfalt ausgedrückt worden, beigesellt jedem geruhsamen Handgriff des Werksmannes erstaunt es uns nun an der Würde alter Bauernscheunen, an der zeichenhaften Schlichtheit von Ding und Gerät. Wer achtsam ihren Maßen folgt, den lassen sie teilhaben an sich. Es ist eine beschirmende Harmonie, die ihnen zugemessen ist. An vielen tut diese Wirkung nur noch die Musik. Wer sich ihren Erschütterungen nicht öffnen kann, wen die großen Symphonien taub machen, dem bleiben vielleicht die so seltsam auf- und abwandelnden Töne der maurischen Flötenspieler. Wer weiß es? Er mag sich lehren lassen von der Monotonie eines Zuspruchs, der zwar nicht andächtig macht, aber geduldig.

Wer sich von seinen Sehnsüchten raten lässt, ist am schlechtesten daran. Ob sie stillbar sind oder unstillbar, jede verdrängt das Ziel und fälscht die Wahrnehmungen dahin. Der Verzicht auf alle Sehnsucht räumt den Weg frei. Seine Merkzeichen sind geprägt von Liebe und Erbarmen. Verlässlicheres gibt es nicht. Auch Blinde können an diesen Malen voranfinden, denn die Weisung ist erhaben über unser Gesicht: Zu uns komme Dein Reich, Dein Wille geschehe! – Wer beharrlich, gesammelten Gemüts das eine erbittet und das andere vollbringt, über den wölbt sich von selber die Stille. Sie, während Heimstatt und Schwelle zugleich, stößt niemand aus, hält niemand gefangen. Der Aufenthalt in ihr führt von Wirklichkeit zu Wirklichkeit, jede Stufe höher und mehr überglänzt vom Einstrahl des Geistigen. In ihm beginnt das wahrhafte Leben.

Versöhnung

Else Lasker-Schüler

Es wird ein großer Stern in meinen Schoß fallen …
Wir wollen wachen die Nacht,

in den Sprachen beten,
die wie Harfen eingeschnitten sind.

Wir wollen uns versöhnen die Nacht –
so viel Gott strömt über.

Kinder sind unsere Herzen,
die möchten ruhen müdesüß.

Und unsere Lippen wollen sich küssen,
was zagst du?

Grenzt nicht mein Herz an deins –
immer färbt dein Blut meine Wangen rot.

Wir wollen uns versöhnen die Nacht,
wenn wir uns herzen, sterben wir nicht.

Es wird ein großer Stern in meinen Schoß fallen.

Gegenwart

Hilde Domin

Wer auf der Schwelle seines Hauses geweint hat
wie nicht je ein fremder Bettler.
Wer die Nacht auf den Dielen
neben dem eigenen Lager verbrachte.
Wer die Toten bat
sich wegzuwenden von seiner Scham.

Dessen Sohle betritt die Straße nicht wieder,
sein Gestern und Morgen
sind durch ein Jahrhundert getrennt
und reichen sich nie mehr die Hand.
Die Rose verblüht ihm nicht.
Der Pfeil trifft ihn nie.

Doch fast erschreckt ihn der Trost
wenn sich ein sichtbarer Flügel wölbt,
sein zitterndes Licht
zu beschützen.

4
O Mensch, lerne tanzen

O Mensch, lerne tanzen

Augustinus

O Mensch,
lerne tanzen,
sonst wissen die
Engel im Himmel
nichts mit dir
anzufangen.

Vor der Tür des Herzens*

Meister Eckhart

Du brauchst Gott
weder hier
noch dort
zu suchen.
Er ist nicht ferner
als vor der Tür des Herzens.
Da steht er
und harrt und wartet,
wen er bereit finde,
der ihm auftue und ihn einlasse.
Du brauchst ihn nicht
von weither herbeizurufen:
Er kann es weniger erwarten
als du, dass du ihm auftust.
Es ist ein Zeitpunkt:
das Auftun und das Eingehen.
In unserem tiefsten Innern,
da will Gott bei uns sein.
Wenn er uns nur daheim findet
und die Seele nicht ausgegangen ist
mit den fünf Sinnen.

Von der Leichtigkeit des Herzens*

Eligius Leclerc

„Gott aber will, dass seine Güte den Weg durch die Herzen der Menschen nimmt. Das ist wunderbar, aber auch furchtbar." Die Wegzeichen auf dieser Wanderung lauten Liebe und Erbarmen. Dem heiligen Franziskus ist dieser Weg besonders gut gelungen. Auch wenn der folgende Text nur einen kleinen Ausschnitt aus der facettenreichen Persönlichkeit des Heiligen aus Assisi beleuchtet, zumindest dies wäre von ihm zu lernen: dass Christsein keine komplizierte Angelegenheit ist, über die man sich den Kopf zerbrechen sollte. Seine Kennzeichen sind vielmehr Leichtigkeit und heiteres Spiel.

Franziskus ging querfeldein hinter Leo her. Beide waren an diese stillen Gänge durch die offene Natur gewöhnt. Sie stiegen die Hänge einer Schlucht hinab. Unten rumorte ein Wildbach. Es war ein abgelegener Platz von wilder, reiner Schönheit. Das bis auf den Grund klare, in kurzen azurnen Blitzen aufleuchtende Wasser sprang übermütig über die Felsen. Ein paar Wacholderbüsche wuchsen hie und da zwischen den Felsen und hingen in das schäumende Wasser.

„Unsere Schwester, die Quelle", rief Franziskus, als er an den Bach trat. „Deine Klarheit ist ein Loblied auf die Unschuld des Herrn."

Leo sprang von Stein zu Stein schnell über den Bach. Franziskus kam ihm etwas langsamer nach. Leo stand schon am anderen Ufer und wartete auf ihn. Er sah zu, wie das klare Wasser über den goldroten Sand zwischen den grauen Steinblöcken dahinschoss. Als Franziskus bei ihm war, blieb Leo noch eine Weile nachdenklich stehen. Er konnte sich anscheinend von diesem Schauspiel nicht losreißen. Franziskus sah ihn an. Leo schaute traurig drein.

„Du grübelst, scheint mir."

„Ja, wenn uns ein bisschen von dieser Reinheit vergönnt wäre, dann hätten auch wir die närrische, überbordende Freude unserer Schwester Quelle und die unwiderstehliche Kraft ihres Wassers."

Ein abgründiges Heimweh schwang in Leos Worten. Er starrte melancholisch auf den Bach – ein Bild der Reinheit, die sich dem Menschen für immer versagt.

„Komm", sagte Franziskus und zog ihn mit sich.

Die beiden machten sich wieder auf den Weg. Sie schwiegen eine Weile, dann fragte Franziskus: „Weißt du, Bruder, was ein reines Herz ist?"

„Wenn man sich nichts vorzuwerfen hat", antwortete Leo, ohne lange zu überlegen.

„Dann verstehe ich, dass du traurig bist, irgendetwas hat man sich immer vorzuwerfen."

„Eben, und deshalb habe ich die Hoffnung auf ein reines Herz aufgegeben."

„Ach, Bruder Leo, glaub mir, kümmere dich nicht so sehr um die Reinheit des Herzens. Sieh auf Gott. Bewundere ihn. Freu dich, dass es ihn gibt, ihn, den ganz und gar Heiligen. Dank ihm um seiner selbst willen. Eben das, mein kleiner Bruder, heißt ein reines Herz haben.

Und wenn du dich so Gott zugewandt hast, wende dich vor allem nie auf dich selbst zurück. Frag dich nicht, wie du mit Gott stehst. Die Trauer darüber, dass man nicht vollkommen ist und dass man den Sünder in sich entdeckt, ist ein noch menschliches, ein allzu menschliches Gefühl. Du musst den Blick höher, viel höher heben. Es gibt Gott, es gibt die Unendlichkeit Gottes und seine unwandelbare Herrlichkeit. Ein Herz ist rein, wenn es nicht abläss t, den lebendigen und wahren Herrn anzubeten. Es nimmt tiefen Anteil an Gottes Leben und ist so stark, dass es sich noch in all seinem

Elend von der ewigen Unschuld und der ewigen Freude Gottes anrühren lässt. Ein solches Herz ist zugleich leer und übervoll. Dass Gott Gott ist, genügt ihm. Aus dieser Gewissheit schöpft es all seinen Frieden und all seine Freude. Und die Heiligkeit eines Herzens, auch die ist dann nichts anderes als Gott."

„Aber Gott verlangt, dass wir uns bemühen und ihm treu bleiben", wandte Bruder Leo ein.

„Gewiss, aber die Heiligkeit besteht nicht darin, dass man sich selbst verwirklicht, und besteht nicht in der Erfüllung, die man sich selbst verschafft. Heiligkeit ist zuerst einmal Leere, die man in sich vorfindet, die man akzeptiert und die Gott in eben dem Maße ausfüllt, in dem man sich seiner Fülle öffnet."

„Sieh, unser Nichts wird, wenn wir es akzeptieren, zum leeren Raum, in dem Gott aber noch als Schöpfer wirken kann. Der Herr lässt sich seinen Ruhm von niemandem streitig machen. Er ist der Herr, der Einzigartige, der allein Heilige. Aber er nimmt den Armen bei der Hand, zieht ihn aus seinem Elend und setzt ihn zu den Fürsten seines Volkes, auf dass er Gottes Herrlichkeit schaue. Gott macht sich zum Himmel über seinem Herzen."

„Bruder Leo, die höchste Forderung jener Liebe, die der Geist des Herrn unablässig in unsere Herzen einflößt, lautet: sich in die Herrlichkeit Gottes betrachtend versenken; staunend entdecken, dass Gott Gott ist, in alle Ewigkeit und über alles hinaus, was wir sind und sein können; sich von ganzem Herzen freuen, dass er existiert; sich für seine ewige Jugend begeistern; ihm danksagen um seiner selbst und um seiner nie versagenden Barmherzigkeit willen. Das heißt ein reines Herz haben. Aber zu dieser Reinheit kommt man nicht dadurch, dass man sich plagt und abrackert."

„Wie denn?", fragte Bruder Leo.

„Sich selbst einfach aufgeben. Nichts behalten wollen. Auch das eigene Elend nicht mehr unter die Lupe nehmen. Reinen Tisch machen. Die eigene Armseligkeit akzeptieren. Alle Last abwerfen, sogar die Last unserer Fehler. Sich nur noch die Herrlichkeit des Herrn vor Augen halten und sich ihrer Strahlung aussetzen. Gott existiert, das genügt. Dann wird das Herz leicht. Es fühlt sich selbst nicht mehr, wie die Lerche, die glückstrunken im Blau des weiten Himmels schwebt. Das Herz hat alle Sorge, alle Unruhe von sich getan. Sein Verlangen nach Vollkommenheit hat sich in ein einfaches, reines Ja zu Gott verwandelt."

Leo ging vor Franziskus her und hörte nachdenklich zu. Allmählich wurde ihm leichter ums Herz, und es kam großer Friede über ihn.

Bald hatten sie das bescheidene Anwesen vor sich. Sie betraten eben den Hof, als die Frau schon zu ihrer Begrüßung erschien. Sie stand auf der Schwelle ihres Hauses, sie schien die beiden erwartet zu haben. Sobald sie ihrer ansichtig wurde, ging sie ihnen entgegen. Ihr Gesicht strahlte.

„Bruder", wandte sie sich mit bewegter Stimme an Franziskus, „ich dachte mir schon, dass Ihr heute Abend kommen würdet, und habe Euch erwartet. Wenn Ihr wüsstet, wie glücklich ich bin! Meinem Kleinen geht es viel besser. In den letzten Tagen hat er etwas essen können. Ich weiß nicht, wie ich Euch danken soll."

„Gott sei gelobt! Ihm müssen wir danken."

Er betrat die niedrige Kate, Leo kam hinter ihm her. Er trat an das Bettchen und beugte sich über das Kind. Ein schönes, volles Lächeln kam ihm entgegen. Die Mutter war entzückt. Man sah, das Kind war gerettet. Unterdessen trat der Großvater mit den beiden älteren Kindern, die ihm um die Beine sprangen, ins Haus. Ein noch recht schlanker Mann, bedächtiges Gesicht, friedfertige, klare Augen.

„Guten Abend, Brüder! Es ist lieb von Euch, dass Ihr uns besuchen kommt. Wir hatten viel Sorge um den Kleinen. Aber nun kommt wohl alles wieder in Ordnung."

„Es freut mich, ich danke dem Herrn dafür", sagte Franziskus. „Ja, man müsste ihm immerzu danken", fuhr der alte Mann ruhig und nachdenklich fort, „auch wenn nicht alles so läuft, wie wir es gern hätten. Dann allerdings tut man sich schwer. Wir haben immer zu wenig Hoffnung. Als ich jung war, verlangte ich manchmal Rechenschaft von Gott, wenn nicht alles nach meinen Wünschen lief. Wenn Gott nicht auf mich hörte, war ich unruhig und manchmal sogar gereizt. Heute verlange ich von Gott keine Rechenschaft mehr. Ich habe begriffen, dass das kindisch und lächerlich ist. Gott ist wie die Sonne. Ob man sie sieht oder nicht, ob sie kommt oder sich versteckt – sie scheint. Soll mal einer die Sonne am Scheinen hindern! Ebenso wenig kann man Gott daran hindern, seine Barmherzigkeit scheinen zu lassen."

„Das ist wahr", sagte Franziskus. „Gott ist gut und kann nur Gutes wollen. Aber er ist doch auch anders als die Sonne, sie scheint ohne unser Zutun und ohne uns zu fragen. Gott aber will, dass seine Güte den Weg durch die Herzen der Menschen nimmt. Das ist wunderbar, aber auch furchtbar. Es hängt von jedem Einzelnen ab, es ist unsere Sache, ob die Menschen die Barmherzigkeit Gottes erfahren oder nicht. Darum ist Güte etwas so Kostbares."

Die beiden Kinder, die sich an ihrem Großvater festhielten, schauten Franziskus und Leo aus großen Augen an, verwundert und als warteten sie auf etwas Besonderes. Sie hörten zu, vielmehr sie schauten zu, das war ihre Art zuzuhören. Wie Franziskus die Menschen anblickte und mit ihnen sprach, das machte großen Eindruck auf sie. Da war so viel Leben, so viel Herzlichkeit. Sie waren wie verzaubert.

„Auf", rief Franziskus plötzlich, „wir wollen fröhlich sein. Eurem kleinen Bruder geht es gut, da muss man sich ja freuen."

Vom Durst nach den blauen Quellen

Ernst Ritter

Vom abgründigen Heimweh und von der inneren Trauer war im vorigen Beitrag die Rede. Das Leben des Dichters Joseph Kopf, von dem nun die Rede ist, pendelte zwischen der Leichtigkeit von Traum und Wein und den Abgründen tiefster Einsamkeit. Die Suche nach Heimat wurde zum zentralen Thema seines Lebens. Dabei war er sich durchaus bewusst, „dass man die kieselklaren Wasser nie erreicht", dass die Erfüllung der Sehnsucht versagt bleibt. Vielleicht aber steht die Erfüllung gar nicht im Mittelpunkt? „Vielleicht sind wir gar nicht gemeint. Gemeint ist, was an uns Licht gibt." – So lautet ein radikaler, aber tröstlicher Ausspruch von Ilse Aichinger. In seinen Gedichten hat die Sehnsucht des Joseph Kopf Form und Ausdruck gefunden. In den folgenden Zeilen möchte Ernst Ritter vom „Licht" in diesen Texten erzählen.

Weihnachten legt den Finger Gottes in die Wunden des Lebens. Weihnachten betäubt nicht: Wie kein anderer Tag im Kreislauf der alljährlich wiederkehrenden Feste rührt Weihnachten an den uralten Schmerz der Menschen: Weihnachten macht die Sehnsucht nach der verlorenen Heimat erinnern.

Weihnachten weiß um Schönheit und Schrecken eines Lebens, einer Welt, die die unsere heißt. Es hebt Kummer und Schrecken dieser Welt nicht auf, noch weniger den Kummer im eigenen Herzen. Dieser Tag, diese Nacht lässt viele Menschen das Schöne noch schöner und das Schreckliche noch schrecklicher erfahren.

Vom Schmerz der Sehnsucht nach der verlorenen Heimat erzählt auch Leben und Werk des Dichters Joseph Kopf (1929–1979).

In seinem „Versuch einer Autobiografie" beklagt der Dichter den Verlust seiner Heimat:

„… und ganz verzieh ich meiner Großmutter jenen heimlichen (und tatsächlich nachts mit einem ausgeliehenen Pferdefahrzeug erfolgten) Exodus aus Vorarlberg nie. Ich unterschob ihr als Motiv Stolz, was vielleicht doch nicht so ausschließlich zutraf, sie hatte es in meinen Augen einfach nicht ertragen, arm in dem Land zu leben, in dem man einst zu den Reichsten und Angesehensten gehörte – ich machte sie für den Verlust einer Heimat verantwortlich, als die ich Vorarlberg in meiner Traumwelt immer mehr empfand. Jedenfalls musste ich als Kind mit ebenso viel Verlegenheit wie Mitleid zusehen, wie mein Vater von den Höhen des St. Galler Rheintals auf seinen Geburtsort Götzis hinabblickte und weinte. Wahrscheinlich übernahm ich dieses Heimatgefühl also von ihm …"

Was Joseph Kopf als Erfahrung seiner Kindheit beschrieb, hat sich ihm als Grundthema seines ganzen Lebens eingegraben: Die Sehnsucht nach der verlorenen Heimat war ein Leben lang nicht fertig mit ihm. Die Suche nach einem Zuhause kam nie an ihr Ende. In Vorarlberg, Salzburg und Wien fand der Dichter ein Stück äußere, wenn auch verlierbare Heimat, bis nach einigen Jahren seine Übersiedlung nach Israel zu einem „fast selbstverständlichen Akt" wurde: „Jerusalem wiederum gab mir ein Gefühl, das sich kaum beschreiben und schon gar nicht jemandem erklären lässt, der keine ähnlichen Erfahrungen gemacht hat. Ich empfand dort wirklich eine Art von Gegenwart Gottes …"

Die Erfahrung dieses Aufenthalts in Israel hat sich in Joseph Kopf tief eingeprägt und ist nicht mehr vergessen worden. Sie wurde für sein lyrisches Werk von „entscheidender Bedeutung. Die späten Gedichte bezeugen in kargen Bildern die Schönheit einer kristallenen Wintersprache", schreibt Paul Good, der Herausgeber seines Werks. Zudem ist mit der Zeit in Israel das interessante Detail seiner Namensänderung verknüpft. So hat der ursprünglich auf den Namen Hermann Joseph Getaufte im letzten Jahrzehnt seines Lebens „ausschließlich den alleinigen Vornamen Joseph verwendet und für sich gelten lassen. Sein vierjähriger Aufenthalt in Israel hatte die heftige Ablehnung des germanischen Namens Hermann und die restlose Identifikation mit dem jüdischen Namen Joseph mit sich gebracht."

Nach der Rückkehr blieb er bis zu seinem einsamen Tod durch Herzversagen in St. Gallen. Und es blieb ihm nicht verwehrt, sich „in St. Gallen doch noch, soweit dies einem Menschen wie mir überhaupt möglich ist, zu Hause zu fühlen, wenn auch das Heimweh nach Jerusalem, nach Beer-Sheva und nach der Wüste nie ganz verstummt ist."

Auf der Suche nach den „blauen quellen" werden Alleinsein und Einsamkeit für Joseph Kopf mehr und mehr zur kargen Behausung. Gerade das Wort zählt zu dem, was ihm diese bewohnbar macht. Unaufhaltsam treibt Joseph Kopf in seinen Gedichten die Sprache in die Verknappung, bis zum Nicht-mehr-sprechen-Können, und darin wird sie zugleich zum Anfang des Noch-nicht-sprechen-Könnens:

sternhell
kummerklar

wihenahten
nahtschate

nahtgala

das nie enträtselte
blaue wort

Doch auch das Wort vermag für Joseph Kopf den Durst nach „den blauen quellen" nicht zu stillen, „denn das wort ist wie ein maulwurf, es stößt aus und gräbt weiter". Das Wort, dazu verurteilt, weiterzugraben, wird zum Stern in der Dunkelheit, zur „bewahrerin des lichts". Der Dichter erfährt es als sein unabwendbares Schicksal, die „straße bitternis weiterzugehen, selber verloren, immer weiter weg vom paradies".

Das Sich-Heimtasten auf der Suche nach dem verloren geglaubten Paradies bleibt die still durchzutragende Lebensaufgabe des Dichters. Sein Beharren findet Ausdruck in der hartnäckigen Bitte, „an der blauen erde nicht zum flüchtling" zu werden. Dabei werden ihm die Tiere zum „milden begleiter durch die einsamkeit".

Der oben erwähnte Paul Good resümiert zum Werk des Dichters: „Joseph Kopf hatte nichts als die Liebe zur Sprache, an der er zu sterben vergaß, deren Nachtseite er winterlich ausgeschritten hat, ohne an ihr irre zu werden. So schmerzlich für ihn die Erkenntnis ist, dass man die kieselklaren Wasser nie erreicht, so sicher gilt ihm, dass er bekommen hat, was es braucht zum Leben, solange er Traum, Stern und Tiere nicht verloren hat."

manchmal bin ich arm
dass sich gott erbarm

gib mir blumen quellen
meine stirn zu hellen

wenn ich nicht verliere
traum und stern und tiere

an der blauen erde
nicht zum flüchtling werde

wurde mir gegeben
was es braucht zum leben

Als Farbton für den Schmerz der Sehnsucht nach der verlorenen Heimat, der alles an Heimat Erfahrene als verlierbare Heimat enttarnt, steht vor allem im späten Werk das Blau: Blau ist die Farbe des Himmels, der sich in der Erde spiegelt. Das unerforschliche Geheimnis, das im Wort eine Wohnstatt hat und sich doch niemals ausbuchstabieren lässt, tönt blau. Blau sind die „quellen, die es oben nicht mehr gibt"; blau sind die „geheimnisse der nacht"; blau ist das Licht, mit dem die Nacht die Sterne kleidet; blau ist das Geheimnis, das Weihnachten erinnern macht, das „nie enträtselte wort"; blau ist das Gedicht, das Botin der Gnade ist; auch der „atem gottes" ist blau. Blau ist die Farbe der bitteren Kälte, die es auf dem inneren Heimweg in die als verloren vermutete Heimat zu bestehen gilt.

Joseph Kopf verschweigt Schmerz und Verzweiflung nicht. Er wählt sich die Betäubung als Gefährtin: „traum und wein" sind sein Brot. Seine Gedichte sind der Versuch, trotz aller äußeren Armut seines Lebens in der Sprache Heimat zu finden. Das „nie enträtselte wort" wird ihm dabei zu einem Ort der Zuflucht. Doch der Schmerz scheint ihm das Leben aufzufressen, der Schmerz frisst auch seine Sprache auf. Das Leben ist so dominierend, dass die Form es nicht bewältigen kann. Vielleicht hat ihn erst der Tod dazu gebracht, das Leben zu bewältigen. Doch auf dem Weg dahin weiß sich der Dichter von der Hoffnung auf das Erbarmen einer größeren Liebe nicht vergessen:

traum und wein

traum und wein
sind dein brot
ampelschein
liess dich ein
war so rot
traum und wein

kommst von dort
kommst von nicht
wüstenjahr
wasserwort
alt gesicht
sagte wahr

wer so sehr
ohne zelt
ohne kleid
dem tut er
herr der welt
nichts zu leid

Literaturhinweis:

Joseph Kopf, nur eine bewegung von licht. Gedichte 1952–1963 (Gesammelte Gedichte Bd. I), Rimbaud–Verlag, 1992.

Joseph Kopf, das geöffnete Schneeblatt. Gesammelte Gedichte 1967–1979 (Gesammelte Gedichte Bd. II), Rimbaud–Verlag, 1992.

Joseph Kopf, verwundetes der sprache. Ausgewählte Gedichte, Rimbaud-Verlag, 1999.

gastmahl

joseph kopf

ich hab auf den steinernen tisch die blaue mondfrucht gelegt.
ich habe die weißen tiere aus ihren wäldern gebeten.
sie sind gekommen und haben kein blatt an den sträuchern bewegt.
ihre silbernen hufe haben kein gras in der steppe zertreten.

dies blieb mir als traum oder wie ein verlornes gesicht:
in ihren augen stand noch das wort der schöpfung geschrieben.
ich weiß es nicht mehr – es war größer und stiller als lieben.
sie gingen, und alles war wieder nur eine bewegung von licht.

Wir rufen einander wieder

Christine Busta

Wir rufen einander wieder.
Abgetan sind die vielen Namen.
Was bleibt, ist der eine, der Gleiche
von Mensch zu Mensch,
vom Menschen zu Gott.

Wir atmen ihn ein und aus.
Wir stammeln ihn,
Leben an Leben gefaltet,
innigstes aller Gebete:
Du, du, du …

Der Einsiedlerkrebs

Bruno Dörig

Am Rand der Tagung über Autorität in der Erziehung entwickelt sich ein heftiges Gespräch über Gefühle im Schulzimmer. Es beginnt ganz gemütlich. Wir sitzen nach dem Mittagessen in der Bar des Hauses und trinken Kaffee. Man redet ein wenig über den Referenten vom Vormittag, das Gespräch plätschert so dahin, bis Max, ein Prachtexemplar von einem handfesten Praktiker, wie nebenbei sagt, dass er es satt habe, zum x-ten Mal zu hören, man müsse die Gefühle der Schüler ernst nehmen.

Willi, der Scheue, erwidert, das sei aber doch ganz menschlich, Gefühle gehörten nun mal zu uns und deshalb kämen sie auch im Schulzimmer vor, bei Lehrern und Schülern. Man müsse mit ihnen umgehen können, sonst werde es schlimm.

„Natürlich kommen Gefühle vor", sagt Max, „aber wir sollen sie nicht noch fördern und päppeln, indem wir auf jedes Gefühlslüftchen eingehen. Durch Abhärtung ist den Schülern mehr geholfen. Sie sollen nicht ein Leben lang gegen die innere Weichheit ankämpfen müssen."

„Also ein Beitrag zur Hornhautbildung an den Seelen unserer Schüler", rufe ich dazwischen. Aber das hätte ich nicht tun sollen. Es ist ein schlechter Scherz, niemand lacht.

Willi schaut ganz ernst drein. Er scheint auf diesen Augenblick gewartet zu haben. Jetzt kommt es aus ihm heraus, ruhig, aber bestimmt: „Ich glaube, das ist eine Frage, die jeder vorerst einmal für sich persönlich beantworten muss. Entweder lebe ich wie ein Einsiedlerkrebs und verkrieche mich mit meinen weichen Teilen in ein Schneckenhaus, rundherum geschützt und gepanzert. Oder ich wage zwischenmenschliche Beziehung auch mit den weichen und verletzlichen Teilen meiner Person. Menschlich ist wohl nur Letzteres. Denn wie wäre Liebe möglich, wenn wir die Verletzlichkeit ausschlössen! Entscheiden wir uns für Ersteres, dann hat sich die ganze Evolution nicht gelohnt. Da hätten wir gleich auf der Stufe des Einsiedlerkrebses stehen bleiben können."

Das saß. Willi hatte sich offensichtlich schon oft Gedanken zu diesem Thema gemacht. Jetzt wollte er reden. Für ihn war das die Stunde der Wahrheit. Wie verhält er sich im Schulzimmer?

In diesem Augenblick werde ich ans Telefon gerufen. Ich kann das Gespräch in der Bar nicht weiterverfolgen. Es soll sehr behutsam und intensiv weitergeführt worden sein.

Willis Ausführungen haben sich tief in mir eingegraben. Meine Aufmerksamkeit ist während der nachmittäglichen Vorträge ziemlich gestört. Am Abend nehme ich mein Lexikon zur Hand und schlage unter „Einsiedlerkrebs" nach. Ich lese, dass diese Meerestiere mit Vorliebe die leeren Häuser der Wellhornschnecke bewohnen und mit sich herumtragen. Rücklings winden sie sich ins Schneckenhaus, mit der größeren der beiden Scheren schranken sie den Eingang ab. Zutritt strengstens verboten. Der Einsiedlerkrebs schützt sich so ängstlich, weil er einen sehr weichen, verletzbaren Hinterleib hat. So wird er instinktmäßig getrieben, sich mit dem Panzer eines andern Tieres zu schützen.

Irgendwann in grauer Vorzeit, philosophiert mein Lexikon auf höchst erstaunliche Weise, seien die Krebse sorgloser mit ihrem weichen Hinterteil umgegangen. Dann hätten sie im Verlauf der Zeit immer häufiger schlechte Erfahrungen gemacht und sich immer seltener exponiert. Es komme heute kaum mehr vor, dass sich ein Einsiedlerkrebs zu wenig schütze und deshalb verletze.

Eine schier unglaubliche Geschichte. Jetzt verstehe ich noch besser, was Willi mit der Einsiedlerkrebs-Existenz meinte … Ich kann mir vorstellen, dass in der Urgeschichte des menschlichen Herzens jemand – es war wohl eine Frau – ganz ungeschützt Liebe angeboten hat und als Antwort Gewalt bekam und verletzt wurde. Ganze Generationen zogen sich dann aufgrund solcher Erfahrungen langsam zurück und schützten sich nach der Manier der Einsiedlerkrebse. Immer wieder aber wagten Menschen die Verletzlichkeit. Vielleicht verdanken wir dem unsern Fortbestand. Vielleicht hat die Geschichte von Krieg und Frieden hier ihren Ursprung …

Die Gedanken überschlagen sich. Ich sehe den Zusammenhang nur ungenau. Eines kann ich mir aber sehr wohl vorstellen. Dass ein Kind von klein auf gezwungen wird, mit einem Panzer zu leben, und darum ein Leben lang an der Einsamkeit leidet. Oder daran zugrunde geht.

Es klingt fast wie ein frommes Happyend: Vor dem Zubettgehen lese ich bei einem Wüstenvater, einem Einsiedler aus dem 5. Jahrhundert, den Satz: „Man muss für das Absolute verletzlich bleiben."

Ich sage Dir

Antoine de Saint-Exupéry

Es gibt keine göttliche Amnestie,
die Dir das Werden erspart.
Du möchtest sein:
Du wirst nur in Gott sein.
Er wird Dich in seine Scheune einbringen,
nachdem Du langsam durch Deine Handlungen geworden
und geknetet sein wirst;
denn der Mensch braucht lang
zum Geborenwerden.

am ende

joseph kopf

am ende
fällt die große steppe
in die kleinen herzen der vögel
der glanz der sterne
in die leeren hände des bettlers
die musik der welt
in das nie verzückte ohr des tauben
das samenkorn der liebe
in den beschämten schoß der unfruchtbaren

am ende
spricht gott sein schönstes
wort für jene
die noch immer vor dem dornbusch
ihre schuhe lösen
ihre tränen verbergen
ihre bitte stammeln

o herr o herr

5
Ein bestimmtes Lächeln der Seele

Ich steh an deiner Krippe hier

Paul Gerhardt

Ich steh an deiner Krippe hier,
o Jesu, du mein Leben.
Ich komme, bring und schenke dir,
was du mir hast gegeben.
Nimm hin, es ist mein Geist und Sinn,
Herz, Seel und Mut, nimm alles hin
und lass dir's wohl gefallen.

Da ich noch nicht geboren war,
da bist du mir geboren
und hast mich dir zu eigen gar,
eh ich dich kannt, erkoren.
Eh ich durch deine Hand gemacht,
da hast du schon bei dir bedacht,
wie du mein wolltest werden.

Ich sehe dich mit Freuden an
und kann mich nicht satt sehen,
und weil ich nun nichts weiter kann,
bleib ich anbetend stehen.
O dass mein Sinn ein Abgrund wär
und meine Seel ein weites Meer,
dass ich dich möchte fassen.

Die Nacht im Dom

Dino Buzzati

„Wer klopft am Weihnachtsabend an die Domtür?", fragte sich Don Valentino. „Haben die Leute noch nicht genug gebetet? Was für eine Sucht hat sie ergriffen?" Mit diesen Worten ging er öffnen, und mit einem Windstoß trat ein zerlumpter Mann herein.

„Wie viel von Gott ist hier", rief er lächelnd aus und sah sich um. „Wie viel Schönheit! Man spürt es sogar von draußen. Hochwürden, könnten Sie mir nicht ein wenig davon abgeben? Denken Sie, es ist der Heilige Abend."

„Das gehört Seiner Exzellenz, dem Erzbischof", antwortete der Priester. „Er braucht es in wenigen Stunden."

„Und auch nicht ein kleines bisschen könnten Sie mir geben, Hochwürden? Es ist so viel davon da. Seine Exzellenz würde es gar nicht einmal merken!"

„Nein, habe ich gesagt, du kannst gehen … der Dom ist für die Allgemeinheit geschlossen", und er geleitete den Armen mit einem Fünf-Lire-Schein hinaus.

Aber als der Unglückliche aus der Kirche hinausging, verschwand im gleichen Augenblick auch Gott. Bestürzt schaute sich Don Valentino um und forschte in den dunklen Gewölben: Selbst da oben war Gott nicht mehr. Und in ein paar Stunden sollte der Erzbischof kommen. In höchster Erregung öffnete Don Valentino eine der äußeren Pforten und blickte auf den Platz. Nichts. Auch draußen keine Spur von Gott, wiewohl es Weihnachten war. Aus den tausend erleuchteten Fenstern kam das Echo von Gelächter, zerbrochenen Gläsern, Musik und sogar von Flüchen. Keine Glocken, keine Lieder. Don Valentino ging in die Nacht hinaus, schritt durch die unheiligen Straßen. Er wusste die rechte Anschrift. Als er in das Haus trat, setzte sich die befreundete Familie gerade zu Tisch. Alle sahen einander wohlwollend an, und um sie herum war ein wenig von Gott.

„Frohe Weihnachten, Hochwürden", sagte der Vater. „Wollen Sie nicht unser Gast sein?"

„Ich habe Eile, ihr Freunde", antwortete er. „Durch eine Unachtsamkeit meinerseits hat Gott den Dom verlassen und Seine Exzellenz kommt gleich zum Gebet. Könnt ihr mir nicht euren Herrgott geben? Ihr seid ja in Gesellschaft und braucht ihn nicht so unbedingt."

„Mein lieber Don Valentino", sagte der Vater. „Sie vergessen, dass heute Weihnachten ist. Gerade heute sollten meine Kinder ohne Gott auskommen? Ich wundere mich, Don Valentino."

Und in dem gleichen Augenblick, in dem der Mann so sprach, schlüpfte Gott aus dem Hause, das freundliche Lächeln erlosch, und der Truthahnbraten war wie Sand zwischen den Zähnen. Und wieder hinaus in die Nacht und durch die verlassenen Straßen. Don Valentino lief und lief und erblickte ihn schließlich von neuem. Er war bis an die Tore der Stadt gekommen und vor ihm breitete sich, licht im Schneegewande schimmernd, das weite Land. Über den Wiesen und den Zeilen der Maulbeerbäume schwebte Gott, als wartete er. Don Valentino sank in die Knie.

„Aber was machen Sie, Hochwürden?", fragte ihn ein Bauer. „Wollen Sie sich in dieser Kälte eine Krankheit holen?"

„Schau da unten, mein Sohn! Siehst du nicht?"

Der Bauer blickte ohne Erstaunen da hin.

„Das ist unser Gott", sagte er. „Jede Weihnacht kommt er, um unsere Felder zu segnen."

„Höre", sagte der Priester, „könntest du mir nicht ein wenig davon geben? Wir sind in der Stadt ohne Gott geblieben, sogar die Kirchen sind leer. Gib mir ein wenig davon ab, damit wenigstens der Erzbischof ein anständiges Weihnachten feiern kann."

„Fällt mir nicht im Traume ein, Ihr lieben Hochwürden! Wer weiß, was für ekelhafte Sünde ihr in der Stadt begangen habt. Das ist eure Schuld. Seht allein zu."

„Gewiss, es ist gesündigt worden. Und wer sündigt nicht? Aber du kannst viele Seelen retten, mein Sohn, wenn du mir nur Ja sagst."

„Ich habe genug mit der Rettung meiner eigenen zu tun!", sagte der Bauer mit höhnischem Lachen, und im gleichen Augenblick hob sich Gott von seinen Feldern und verschwand im Dunkel.

Und Don Valentino ging weiter und suchte. Gott schien seltener zu werden, und wer ein bisschen davon besaß, wollte nichts hergeben (aber im gleichen Augenblick, da er mit „Nein" antwortete, verschwand Gott und entfernte sich immer weiter).

Endlich stand Don Valentino am Rande einer grenzenlosen Heide, und in der Ferne am Horizont leuchtete Gott sanft wie eine längliche Wolke. Der Priester warf sich in den Schnee auf die Knie.

„Warte auf mich, o Herr", bat er, „durch meine Schuld ist der Erzbischof heute allein geblieben."

Seine Füße waren zu Eis erstarrt, er lief im Schnee weiter und sank bis ans Knie ein, und alle Augenblicke fiel er der Länge nach hin. Wie lange konnte er es noch aushalten?

Endlich vernahm er einen großen, leidenschaftlichen Chor voll Engelsstimmen, ein Lichtstrahl brach durch den Nebel. Er öffnete ein hölzernes Türchen, es war eine riesige Kirche, und in ihrer Mitte betete ein Priester zwischen einigen Lichtern. Und die Kirche war voll des Paradieses. „Bruder", seufzte Don Valentino, am Ende seiner Kräfte und mit Eisnadeln bedeckt, „habe Mitleid mit mir. Mein Erzbischof ist durch meine Schuld allein geblieben und braucht Gott. Gib mir ein bisschen von ihm, ich bitte dich."

Langsam wandte sich der Betende um. Und Don Valentino wurde, als er ihn erkannte, fast noch bleicher, als er ohnedies war.

„Ein gesegnetes Weihnachtsfest dir, Don Valentino", rief der Erzbischof aus und kam ihm entgegen, ganz von Gott umgeben. „Aber Junge, wo bist du nur hingelaufen? Was hast du um Himmels willen in dieser bärenkalten Nacht draußen gesucht?"

Im Anfang

Aus dem Evangelium nach Johannes 1,1–18

Im Anfang war das Wort
und das Wort war bei Gott
und das Wort war Gott.
Dieses war im Anfang bei Gott.
Alles ist durch das Wort geworden
und ohne es wurde nichts, was geworden ist.
In ihm war Leben,
und das Leben war das Licht der Menschen.
Und das Licht leuchtet in der Finsternis
und die Finsternis hat es nicht erfasst.
Ein Mensch trat auf, von Gott gesandt;
sein Name war Johannes.
Er kam als Zeuge, um Zeugnis abzulegen für das Licht,
damit alle durch ihn zum Glauben kommen.
Er war nicht selbst das Licht,
er sollte nur Zeugnis ablegen für das Licht.
Das wahre Licht, das jeden Menschen erleuchtet,
kam in die Welt.
Er war in der Welt
und die Welt ist durch ihn geworden,
aber die Welt erkannte ihn nicht.
Er kam in sein Eigentum,
aber die Seinen nahmen ihn nicht auf.
Allen aber, die ihn aufnahmen,
gab er Macht, Kinder Gottes zu werden,
allen, die an seinen Namen glauben,

die nicht aus dem Blut,
nicht aus dem Willen des Fleisches,
nicht aus dem Willen des Mannes,
sondern aus Gott geboren sind.
Und das Wort ist Fleisch geworden
und hat unter uns gewohnt
und wir haben seine Herrlichkeit geschaut,
die Herrlichkeit des einzigen Sohnes vom Vater,
voll Gnade und Wahrheit.
Johannes legt Zeugnis für ihn ab und ruft:
Dieser war es, über den ich gesagt habe:
Er, der nach mir kommt, ist mir voraus,
weil er vor mir war.
Aus seiner Fülle haben wir alle empfangen,
Gnade über Gnade.
Denn das Gesetz wurde durch Mose gegeben,
die Gnade und die Wahrheit kamen durch Jesus Christus.
Niemand hat Gott je gesehen.
Der Einzige, der Gott ist und am Herzen des Vaters ruht,
er hat Kunde gebracht.

Sein schönstes Wort*

Karl Rahner

Wenn wir sagen:
Es ist Weihnacht,
dann sagen wir:
Gott hat sein letztes,
sein tiefstes,
sein schönstes Wort
im fleischgewordenen Wort
in die Welt hineingesagt,
ein Wort,
das nicht mehr rückgängig
gemacht werden kann,
weil es Gottes endgültige Tat,
weil es Gott selbst in der Welt ist ...

Da ist ein ganz unerwartetes, ein ganz unwahrscheinliches Wort. Denn wie kann man dieses Wort sagen, wenn man den Menschen und die Welt und beider grauenvolle und leere Abgründe kennt? Gott aber kennt sie besser als wir. Und er hat dieses Wort doch gesagt, indem er selbst als Kreatur geboren wurde.

Gibt es ein Christkind?

Francis Ph. Church
übersetzt von Klaus Gasperi

Die achtjährige Virginia O'Hanlon aus New York wollte es genau wissen. Darum schrieb sie an die Tageszeitung „The Sun" einen Brief: „Ich bin acht Jahre alt. Einige von meinen Freunden sagen, es gibt kein Christkind. Papa sagt, was in der Sun steht, ist immer wahr. Bitte sagen Sie mir, gibt es ein Christkind? Virginia O'Hanlon" Die Sache war dem Herausgeber Francis Ph. Church so wichtig, dass er selber antwortete:

Virginia, deine kleinen Freunde liegen falsch. Sie sind beeinflusst von den Zweifeln eines skeptischen Zeitalters. Sie glauben nur, was sie sehen. Sie denken, dass nur das existiert, was sie mit ihrem kleinen Verstand erfassen können. Doch jeder Verstand, sei es der von Erwachsenen, sei es der von Kindern, ist klein. In diesem großen Universum, in dem wir leben, ist der Mensch nur ein kleines Insekt, eine Ameise, wenn man seinen Verstand vergleicht mit dem grenzenlosen Universum über ihm oder wenn man ihn misst an einer Intelligenz, die alle Wahrheiten und alles Wissen der Welt fassen könnte.

Ja, Virginia, es gibt ein Christkind. Es existiert so gewiss, wie es Liebe und Großzügigkeit und Hingabe gibt. Und du weißt, dass Liebe, Großzügigkeit und Hingabe sogar im Überfluss vorhanden sind und dass sie deinem Leben seine höchste Schönheit und Freude verleihen. Ach, wie trostlos wäre doch die Welt, wenn es kein Christkind gäbe! So trostlos, wie wenn es keine Virginia gäbe. Es gäbe dann auch keinen kindlichen Glauben, keine Gedichte, keine Geschichten, nichts, was uns helfen würde, unser Leben zu ertragen. Wir würden kein Vergnügen haben, außer in dem, was wir unmittelbar sehen und spüren. Das unvergängliche Licht, mit dem Kinderaugen die Welt erfüllen, wäre ausgelöscht.

Nicht an das Christkind zu glauben! Da könntest du ebenso gut nicht an Märchen glauben! Freilich, du könntest deinen Papa überreden, Leute anzustellen, überall am Heiligen Abend nachzuschauen, ob sie das Christkind irgendwo erwischen. Selbst wenn sie das Christkind nirgendwo finden könnten, was würde das beweisen? Keiner hat das Christkind je gesehen, aber das heißt nicht, dass es das Christkind nicht gibt. Die allerwichtigsten Dinge auf der ganzen Welt sind doch jene, die weder Kinder noch Erwachsene sehen können. Denn keiner kann all die Wunder verstehen oder sie sich auch nur vorstellen, die es unsichtbar und ungesehen in der Welt gibt.

Du kannst eine Babyrassel zerlegen, um nachzuschauen, was da drinnen Lärm macht und Geräusche erzeugt. Doch da ist ein Schleier über allem, der die unsichtbare Welt verhüllt. Und selbst der stärkste Mann, ja, nicht einmal die versammelte Kraft aller stärksten Männer, die es je gab, kann diesen Schleier wegziehen. Nur Vertrauen, Fantasie, Poesie, Liebe und Geschichten können den Schleier beiseiteschieben. Dann erst wird die überirdische Schönheit und Herrlichkeit dahinter sichtbar. „Aber ist das auch wirklich wahr?", wirst du fragen. Ach, Virginia, nichts auf der ganzen Welt ist wahrer und beständiger.

Kein Christkind! Gott sei Dank lebt es und es wird immer leben. Auch noch in tausend Jahren, ach was, auch noch in zehn mal zehntausend Jahren wird das Christkind da sein, um die Herzen der Kinder mit Freude zu erfüllen.

PS: Der Briefwechsel zwischen Virginia O'Hanlon und Francis Ph. Church stammt aus dem Jahr 1897. Er wurde über ein halbes Jahrhundert – bis zur Einstellung von „The Sun" 1950 – alle Jahre wieder zur Weihnachtszeit auf der Titelseite der Zeitung abgedruckt. Der Text gilt als das meistgedruckte Editorial in englischer Sprache.

Die Nachzeichnung des Bildes*

Athanasius von Alexandrien

*Im Zuge der dogmatischen Streitigkeiten, ob Jesus nur ein beson-
derer Mensch oder doch wahres Ebenbild Gottes ist, ergreift der
Kirchenvater Athanasius vehement für die im Konzil von Nicäa
formulierte Aussage Partei, derzufolge Jesus Gottes einziger Sohn
ist. In seiner Schrift „Über die Menschwerdung des Logos" versucht
er seinen Zeitgenossen die so seltsame Idee der Menschwerdung
Gottes zu verdeutlichen. Athanasius versteht dabei den Vorgang
der Menschwerdung als Erneuerung und Fortsetzung der anfäng-
lichen Schöpfung der Welt, als Erinnerung an unsere göttliche Heimat. Sein Gedankengang gipfelt in der Formulierung: „Gott wurde
Mensch, damit wir vergöttlicht werden." Die nachfolgenden Ausführungen Eugen Drewermanns bieten eine sprachlich zeitgemä-
ßere und konkretere „Übersetzung" dieser theologischen Gedan-
kengänge.*

Wird Gott nicht noch viel mehr seine Geschöpfe davor bewahren,
dass sie von ihm abirren und nichtseienden Dingen dienen, zumal
da eine solche Verirrung ihr Verderben und ihr Ende wäre? Es sollte
also das, was einmal mit dem Bilde Gottes in Gemeinschaft stand,
nicht verloren gehen. Was hatte nun Gott zu tun? Oder was anders
hatte zu geschehen, als wieder eine Erneuerung nach dem Eben-
bilde vorzunehmen, damit die Menschen ihn darin wieder erkennen könnten? Wie aber hätte dies geschehen können, wenn nicht
das Ebenbild Gottes selbst, unser Heiland Jesus Christus, erschien?
Durch Menschen war dies unmöglich, da ja auch sie nach dem Bilde geschaffen sind, aber auch nicht durch Engel – sie sind ja keine

Ebenbilder. Deshalb kam der Logos persönlich zu uns, um als Bild des Vaters den ebenbildlich erschaffenen Menschen wiederherzustellen. Wenn z. B. eine auf Holz gemalte Figur durch den Schmutz von außen unkenntlich geworden ist, so muss derjenige, der in der Figur dargestellt ist, wieder zugegen sein, wenn das Bild in demselben Holz erneuert werden soll; wegen des Bildes wird nämlich eben das Material, auf dem gemalt worden ist, nicht weggeworfen, vielmehr wird auf ihm die Figur nachgezeichnet. Ebenso hat auch der allheilige Sohn des Vaters als Bild des Vaters an unseren Stätten sich eingefunden, um den nach Gott erschaffenen Menschen zu erneuern und ihn wieder zu finden.

Das Kind Mariens*

Eugen Drewermann

Das Symbol eines Kindes ist als Bild des Lebens innerlich dann notwendig, wenn das, wovon man erlöst werden muss, gerade in einem zwanghaften Großseinwollen besteht; wenn man mit der ständigen Forderung, nur ganz erwachsen, ganz fertig, ganz ausgereift, ganz vollkommen sein zu dürfen, schlechthin nicht mehr leben kann, dann verdichtet sich Tag um Tag der Wunsch, es möchte entweder möglichst bald alles vorbei sein oder es möchte buchstäblich alles noch einmal beginnen dürfen, und zwar dann wahrer, unfertiger, gnädiger, im Grunde gütiger.

„Kannst du nicht", fragt uns die Gestalt des Kindes, „einmal den Mut bekommen, zu denken, du wärest auch ohne Leistung und Arbeit berechtigt zu leben? Kannst du nicht einmal denken, du selber, deine Person, wäre liebenswürdiger und wertvoller als deine vorweisbaren Taten? Kannst du dir nicht einfach mal gestatten, an etwas anderes zu denken als daran, was du tun musst und was du zu machen hast? Kannst du dich nicht einfach einmal dem Empfinden überlassen, dass du berechtigt bist zu sein?"

So lebt ja doch ein Kind, und so fragt es schon durch sein bloßes Dasein. Ein Kind kann man nicht für seine Tüchtigkeit und seine Leistung lieben, es kann ja noch gar nichts, es tut noch gar nichts Nützliches; ein Kind kann man nicht dafür lieben, dass es etwas Besonderes besäße oder vorzuzeigen hätte – es hat im Gegenteil noch nichts zu eigen; man muss es schon, wenn man es lieben will, um seiner selbst willen liebhaben. Das ist das ganze Geheimnis eines Kindes, dass es uns durch sein bloßes Dasein nötigt, es zu lieben, und dass es davon lebt, für nichts geliebt zu werden.

Die Mutter des göttlichen Erlöserkindes steht für all das, was in uns selbst an Menschlichem nur darauf wartet, zur Welt kommen zu dürfen. (...) In dem Bild des jungfräulich geborenen Kindes aber lebt alles, was man im Grunde möchte: Freisein und Spielen, Reifen und Träumen, Daseindürfen und Vertrauendürfen, und sollte man wirklich davor immer wieder am meisten zurückschrecken?

Das gefangene Kind

Henri Caffarel

Ein Pfarrer hatte mich eingeladen, in der Karwoche in seinem Bergdorf zu predigen. Als ich die Beichten seiner Pfarrkinder hörte, entdeckte ich bei vielen eine geistliche Haltung von seltener Höhe. Sie hatten etwas wie eine Familienähnlichkeit: Ihre Beziehungen zu Gott waren bestimmt durch kindliches Vertrauen, Frieden und eine frohe Großmut. Ich schloss daraus, dass mein Pfarrer unter dem Äußeren eines rauen Bergbewohners ein außergewöhnliches inneres Leben verberge und ein Erwecker der Seelen sei.

Alle unsere Unterhaltungen bei Tisch und am Abend waren jedoch enttäuschend, sie beschränkten sich auf allgemeine Probleme der Theologie und der Seelsorge. Ich gab mich nicht zufrieden und blieb hartnäckig bemüht, durch das Gestrüpp hindurch die Quelle zu finden. Am Ostertag hatte man in den Messen und dann bei der Vesper geradezu in der versammelten Pfarrgemeinde ein Schwingen innerer Teilnahme gespürt. Abends beim Essen war das strenge Gesicht des Pfarrers von einer geheimen Freude überstrahlt. Und doch wäre unser letztes Gespräch nicht über den unpersönlichen Charakter der früheren hinausgegangen, hätte nicht eine Bemerkung meinerseits, die eine unerwartete Wendung brachte, mir erlaubt, einen Blick in eine ungewöhnliche Seele zu tun. Vor kurzem habe ich die paar Notizen wiedergefunden, die ich nachher in meinem Zimmer hingekritzelt hatte. Ich sende sie Ihnen, so wie sie sind: Sie geben getreulich, wenn auch nicht vollständig, die Äußerungen des Pfarrers wieder.

„Für so viele Leute ist christliches Leben gleichbedeutend mit Anstrengung, Gespanntheit, Bemühung, Leistung, Rekorde. (Um seine Gedanken zu verdeutlichen, verwandte der Pfarrer diese gehäuft aneinandergereihten Worte.) Aber das christliche Beten ist viel weniger greifbar, sichtbar, äußerlich: Es ist in der Tiefe des Wesens etwas Feines, Zartes, Reines, Gelöstes, eine Bewegung der Seele, ein Zustimmen unserer inneren Freiheit.

Tiefer, ganz tief unter unserem religiösen Tun, unseren ungeschlachten Akten der Großmut, unseren heftigen Sehnsüchten, unseren engbrüstigen Ansprüchen ist in uns ein Raum der Frische, der Unschuld, der Jungfräulichkeit. Härten, Ängste, Bosheiten, Schmutz des äußeren Lebens können ihn nicht erreichen, nicht beflecken, nicht anstecken. Dort lebt unsere Kinderseele, jung, frisch, rein, unverbraucht, unverletzt. Aber bei fast allen Menschen lebt dieses ‚kleine Mädchen' eingesperrt.

Christsein heißt zunächst das gefangene Kind zu befreien, es ins Licht zu führen, seine Fesseln zu lösen. Und siehe, es atmet, es singt ein helles, klares Lied. Ach, wie möchte man so vielen Gutmeinenden zurufen: Nicht mit euren wichtigen, nicht mit euren sentenzenreichen Reden, nicht mit euren steifen, abgemessenen oder vornehmen Tugenden, eurer Buchführung und euren geistlichen Renten werdet ihr ins Paradies eintreten. Von alldem müsst ihr euch unbedingt befreien. Wohl aber mit eurer Kinderseele, geführt von diesem Mädchen, werdet ihr, wenn ihr ihm die Hand geben wollt, in das Himmelreich eingehen, das den Kindern und denen, die ihnen gleichen, bereitet ist. Darüber staunt ihr immer – und zweifellos nehmt ihr im Stillen Anstoß daran –, wenn ihr seht, wie Christus den Himmel so wohlfeil verspricht: der öffentlichen Sünderin, der Ehebrecherin, dem Schächer, seinem Nachbarn am Kreuz. Das geschah, weil in der Berührung mit Ihm ihre plötzlich befreite Kinderseele ihnen das einfache Wort, das Wort der Liebe, zuflüsterte, das ‚Ja‘, das ein Schicksal entscheidet.

Tatsächlich ist es so einfach, gerettet zu werden –, aber wir müssen es ausdrücklich hinnehmen, dass es einfach ist. Unser ewiges Leben spielt sich nicht auf der Ebene des erbaulichen Betragens, angepasster Tugenden, großer Unternehmungen ab, sondern an der äußersten Spitze der Seele. Es scheint nur ein Hauch zu sein, ein Übergang, es scheint geringfügig, aber in Wirklichkeit gibt es nichts Wichtigeres, Wirksameres: Ein bestimmtes Lächeln der Seele, kindlich, aufrichtig, rein, vertrauend, kühn vertrauend, das ist es, was über unsere Ewigkeit entscheidet. Es war, glaube ich, eine bestimmte einzigartige Weise des Lächelns, die den Sohn aus dem Leben der Dreifaltigkeit herausriss und ihn unwiderstehlich in den Schoß des Mädchens Maria zog."

„Und wie", habe ich meinen Pfarrer gefragt, „finden wir unsere Kinderseele wieder und bringen ihr die Lust zu leben, zu singen, zu lächeln wieder bei?"

„Ich weiß nichts Besseres als das Gebet", sagte er mir. „Unter der Bedingung jedoch, dass der Erwachsene schweigt und in die Schule des befreiten Mädchens geht. Doch wenn wir uns den Weg zeigen ließen …" Und mein Gegenüber machte der Unterhaltung, die ich so gern fortgeführt hätte, ein plötzliches Ende.

Weihnacht für Erwachsene

Jan Skácel
übersetzt von Felix Philipp Ingold

Mit kindlicher Freude werden wir uns die Hände wärmen
wir werden lächeln und sagen
Weihnacht ist da
derweil der Frost mit weißem Faden all das Abgetragene
säumen wird
das ausgefranst ist in den langen Jahren

Ein wenig werden wir heiter sein
und ein wenig werden wir trauern
und ein wenig belustigt sein über uns selbst
und die Stille wird ihre zehn Finger ausstrecken
nach unseren Gesichtern
und wird herunterfrieren in die menschenleeren Straßen

Und die warmen Arme der Weihnachtsbäumchen
werden zu den Fenstern drängen wenn die Kinderlosen
nach dem Abendessen noch spazieren gehen
und sich bei den Händen halten
und einer des andern Kind ist

Und jeder von den beiden
wird der Erwachsene sein wollen
und sich um den andern kümmern
denn draußen ist's eisglatt
und drinnen ist Weihnacht

Maria und Josef oder: Roberto spinnt

Bruno Schlatter

In einer kleinen Schulgemeinde durften die Kinder die Weihnachtsgeschichte aufführen. Der Wirt des Gasthauses „Leuen" stellte großzügig seinen Saal zur Verfügung. Die rund 30 Schüler hatten – von der ersten bis zur vierten Klasse – alle zusammen denselben Lehrer und teilten dasselbe Zimmer. Das gibt es eben auch heute noch. Der Lehrer, Gottlieb Eggimann, wäre eigentlich schon lange pensioniert, aber mangels eines jüngeren Bewerbers ließ man ihn weiter im Amt. Man liebte das Traditionelle in dieser kleinen Gemeinde. Und zur Tradition gehörte auch die alljährliche Weihnachtsaufführung der Schüler.

Die tragenden Szenen – seit Jahren dieselbe Geschichte: Maria und Josef auf der Suche nach einer Unterkunft für eine Nacht. Bei der Rollenverteilung rissen sich die größeren Buben um die Hauptrolle; jeder wollte den Josef spielen. Aber auch die Mädchen drängten sich vor, für die Rolle der Maria. Diplomatisch, so gut es eben ging, verteilte „Eggi", wie der Lehrer im ganzen Dorf genannt wurde, die Rollen. Er führte selbstverständlich auch Regie. Nur bei einer Besetzung gab es Probleme, niemand wollte den bösen Gastwirt spielen, der dem jungen Paar so schroff den Eintritt in sein Gasthaus verwehrte und sie so unbarmherzig wegjagte. So musste schließlich Roberto, der Sohn eines italienischen Gastarbeiterehepaares, welches im Restaurant „Leuen" seit Jahren in der Küche arbeitete, die Rolle übernehmen. Er musste. Erstens, weil er noch nicht so gut Deutsch sprach, und zweitens schien er mit seinem dunklen, gekrausten Haar und den dunklen Augen am ehesten einem Bösewicht zu gleichen. Das war auf alle Fälle die Meinung der halben Klasse.

Der kleine Roberto lernte seine Rolle schnell und gut. Lautstark schmetterte er an den Proben sein „Nein, von mir bekommt ihr kein Zimmer! Gesindel, verschwindet!" von der Bühne. Aber: Wie hasste der Kleine doch seine Rolle. Im Innersten würde er den beiden armen Geschöpfen Maria und Josef doch liebend gerne ein Zimmer geben, und – wenn es sein müsste – sogar sein eigenes. Doch was hatte ihm der Lehrer eingefleischt: Böse und mit grimmiger Miene sind die beiden wegzujagen. Ja, so ein kleiner Schauspieler hat es wirklich nicht leicht. Robertos Vater tröstete und versprach, an der Weihnachtsaufführung dabei zu sein. Und das bedeutete viel, denn er zeigte sich sonst kaum im Dorf.

Endlich war es so weit, der große Tag stand vor der Tür. Der kleine „Leuen-Saal" war zum Bersten voll, viele mussten sogar stehen, einige zusätzliche Stühle holte man eiligst vom „Bären" vis-à-vis. Mit leuchtenden Augen standen die Kinder in ihren selbst gemachten Kostümen da. Vor allem Maria strahlte, mit ihren Zapfenlocken war sie wunderschön anzusehen, denn die Mutter hatte sie am Nachmittag noch zum Coiffeur geschickt. Und wie sie spielten! Der Lehrer Eggimann wurde immer größer und stolzer, denn was seine Kinder auf der Bühne boten, war schlicht erstaunlich. Seit bald 20 Jahren hatte er nie mehr eine so hinreißende Aufführung miterlebt. Der Lehrer und ein paar Dorfeinwohner mit ihm bekamen feuchte Augen.

Nun folgte der zweite Akt beim Gastwirt, bei Roberto. Und wie die Maria in ihren Zapfenlocken um ein Zimmer bat – es war zum Steinerweichen! Aber jeder wusste, was nun kommen musste, man hat es bei den Proben Dutzende Male gehört: „Nein, von mir bekommt ihr kein Zimmer! Gesindel! Verschwindet!" Roberto stand da mit grimmigem Blick und hörte das Klagen der Maria: „Ach Wirt, habe Erbarmen, ich friere! Lass mich in dein Haus!" Roberto schaute immer grimmiger drein und setzte an, um seinen hundertmal geübten Satz in den Saal zu schmettern. Oh, wie er die Rolle hasste. Vor dem ganzen Dorf musste er Josef und Maria in die dunkle Nacht zurückschicken. Ausgerechnet er. Doch plötzlich verschwand der dunkle Schatten von seinem Gesicht. Ja, es begann förmlich zu leuchten. Und Roberto sagte mit fester Stimme: „Kommt nur herein. Ich gebe euch mein bestes Zimmer." Und bevor der Lehrer vor Schreck beinahe vom Stuhl fiel, fuhr der kleine Roberto fort: „Und zu essen bekommt ihr auch, so viel ihr wollt." Und er ergriff Maria zart bei der Schulter und wollte sie durch die Kulissentür in das Gasthaus führen. „Spinnst du?", rief Maria deutlich hörbar, während Josef noch ein unangenehmeres Wort hauchte. Peinliche Sekunden vergingen, ehe der Lehrer endlich „Vorhang, Vorhang!" schrie. Der Vorhang wurde gezogen, die Weihnachtsaufführung war vorzeitig beendet.

„Der kleine Roberto hat es tatsächlich fertiggebracht, meine Aufführung platzen zu lassen", wetterte der Lehrer in der Gaststube. Der Bub saß inzwischen mit verweinten Augen beim Papa und versuchte das Malheur zu erklären: „Papa, ich konnte doch die beiden nicht einfach wegschicken. Sie haben doch so gebettelt und waren so verzweifelt und schließlich ist doch Weihnachten." – „Roberto, du magst vielleicht ein schlechter Schauspieler sein, du bist aber ein wunderbarer Sohn", sagte der Vater leise und strich ihm sanft über das gekrauste Haar.

Wie Ochs und Esel an die Krippe kamen

Karl Heinrich Waggerl

Als Josef mit Maria auf dem Weg nach Bethlehem war, rief ein Engel die Tiere heimlich zusammen, um einige auszuwählen, der Heiligen Familie im Stall zu helfen. Als Erster meldete sich natürlich der Löwe: „Nur ein Löwe ist würdig, dem Herrn der Welt zu dienen", brüllte er, „ich werde jeden zerreißen, der dem Kind zu nahe kommt!"

„Du bist mir zu grimmig", sagte der Engel.

Darauf schlich sich der Fuchs näher. Mit unschuldiger Miene meinte er: „Ich werde sie gut versorgen. Für das Gotteskind besorge ich den süßesten Honig und für die Wöchnerin stehle ich jeden Morgen ein Huhn!"

„Du bist mir zu verschlagen", sagte der Engel.

Da stelzte der Pfau heran. Rauschend entfaltete er sein Rad und glänzte in seinem Gefieder. „Ich will den armseligen Schafstall köstlicher schmücken als Salomon seinen Tempel!"

„Du bist mir zu eitel", sagte der Engel.

Es kamen noch viele und priesen ihre Künste an. Vergeblich. Zuletzt blickte der strenge Engel noch einmal suchend um sich und sah Ochs und Esel draußen auf dem Feld dem Bauern dienen.

Der Engel rief auch sie heran: „Was habt ihr anzubieten?"

„Nichts", sagte der Esel und klappte traurig die Ohren herunter, „wir haben nichts gelernt außer Demut und Geduld. Denn alles andere hat uns immer noch mehr Prügel eingetragen!"

Und der Ochse warf schüchtern ein: „Aber vielleicht könnten wir dann und wann mit unseren Schwänzen die Fliegen verscheuchen!"

Da sagte der Engel: „Ihr seid die Richtigen!"

Maria

Bertolt Brecht

Die Nacht ihrer ersten Geburt war
kalt gewesen. In späteren Jahren aber
vergaß sie gänzlich
den Frost in den Kummerbalken und rauchenden Ofen
und das Würgen der Nachgeburt gegen Morgen zu.
Aber vor allem vergaß sie die bittere Scham
nicht allein zu sein
die dem Armen eigen ist.
Hauptsächlich deshalb
ward es in späteren Jahren zum Fest, bei dem
alles dabei war.
Das rohe Geschwätz der Hirten verstummte.
Später wurden aus ihnen Könige in der Geschichte.
Der Wind, der sehr kalt war
wurde zum Engelsgesang.
Ja, von dem Loch im Dach, das den Frost einließ, blieb nur
der Stern, der hineinsah.
Alles dies
kam vom Gesicht ihres Sohnes, der leicht war
Gesang liebte
Arme zu sich lud
und die Gewohnheit hatte, unter Königen zu leben
und einen Stern über sich zu sehen zur Nachtzeit.

Was hat wohl der Esel gedacht?

Manfred Siebald

Was hat wohl der Esel gedacht
in der Heiligen Nacht,
als er plötzlich die Fremden sah im Stall?
Vielleicht hat er Mitleid verspürt,
hat das Bild ihn gerührt,
und er rückte zur Seite, sehr sozial.
Vielleicht aber packte ihn die Empörung:
„Welch eine nächtliche Ruhestörung!
Kaum schlafe ich Esel mal ein,
schon kommen hier Leute herein."

Und dann lag da vor ihm das Kind,
und er dachte: „Jetzt sind
es schon drei, was ist das für eine Nacht?
Da hält mir das Kind doch zuletzt
meine Krippe besetzt!"
Und er polterte völlig aufgebracht:
„Ich lasse ja manches mit mir geschehen,
doch wenn sie mir an mein Futter gehen,
ist's mit der Liebe vorbei."
Und er dachte an Stallmeuterei.

Er wusste ja nicht, wer es war,
den die Frau dort gebar,
hatte niemals gehört von Gottes Sohn.

Doch wir wissen alle Bescheid
und benehmen uns heut
noch genau wie der Esel damals schon.
Denn Jesus darf uns nicht vom Schlaf abhalten,
nicht unsern liebsten Besitz verwalten.
Doch wer ihm die Türen aufmacht,
der hat jeden Tag Heilige Nacht.

Zweimal in Colmar
Der Isenheimer Altar, neu gesehen

John Berger

Weihnachten zu verstehen – das wäre wohl ein zu hoher Anspruch. Aber vielleicht umgekehrt: sich von Weihnachten her verstehen? Weihnachten „ordnet uns ein". Das aufstrahlende Licht gestaltet den Raum und entwirft den Horizont unserer Existenz neu: Losgelöst von unserer „Unvollständigkeit" offenbart uns das Kind in der Krippe die göttliche Perspektive: unsere Ganzheit, unser Angenommensein im lächelnden Antlitz des menschgewordenen Gottes.

Im Winter 1963 fuhr ich zum ersten Mal nach Colmar, um mir den Isenheimer Altar anzusehen. Zehn Jahre später ging ich ein zweites Mal hin. Das war nicht so geplant. In den Jahren dazwischen hatte sich einiges verändert. Nicht in Colmar, sondern allgemein, in der Welt, und auch in meinem Leben. Der dramatische Wendepunkt lag genau in der Mitte der Dekade. 1968 traten plötzlich Hoffnungen, die jahrelang mehr oder weniger im Verborgenen genährt wurden, in verschiedenen Orten der Welt ans Licht und erhielten einen Namen – und im selben Jahr wurden diese Hoffnungen aufs Entschiedenste zunichtegemacht. Das wird jetzt, im Nachhinein, klarer. Damals versuchten viele von uns, sich vor der bitteren Erkenntnis dieser Wahrheit zu schützen. So gingen wir zum Beispiel Anfang 1969 immer noch davon aus, dass die Möglichkeit für ein zweites 1968 bestand.

Dies ist nicht der Ort, um zu analysieren, was sich weltweit im politischen Kräftefeld verändert hat. Auf jeden Fall war es genug, damit war die Bahn frei für das, was man später „Normalisierung" nennen sollte. Auch viele tausend Einzelleben wurden verändert. Aber davon wird man nichts in den Geschichtsbüchern lesen. (Eine vergleichbare, wenn auch ganz anders geartete Wende fand 1848 statt; ihre Auswirkungen auf das Leben einer Generation sind nicht in geschichtlichen Aufzeichnungen, sondern in Flauberts „Education Sentimentale" nachzulesen.) Wenn ich mich unter meinen politischen Freunden umsehe – und vor allem bei denen, die ein politisches Bewusstsein hatten (oder immer noch haben) –, stelle ich fest, dass ihr Leben gerade damals auf lange Sicht verändert oder in neue Bahnen gelenkt wurde, genauso wie es auch bei einem privaten Ereignis hätte der Fall sein können – beim Ausbruch einer Krankheit, bei einer unerwarteten Gesundung oder bei einer Pleite. Ich nehme an, dass man bei mir Ähnliches feststellen würde.

Normalisierung heißt, dass zwischen den verschiedenartigen politischen Systemen, die sich fast die ganze Weltherrschaft teilen, alles beliebig ausgetauscht werden kann, vorausgesetzt, dass nirgendwo radikale Veränderungen stattfinden. Man geht davon aus, dass sich die Gegenwart kontinuierlich fortsetzt, nur technologische Entwicklungen sind vorgesehen.

In einer Zeit erwartungsvoller Hoffnung stellt man sich zuversichtlich vor, man sei nicht zu erschüttern. Allem muss man sich stellen, nur vor Ausflüchten oder Sentimentalitäten muss man sich hüten. Unerbittliche Wahrhaftigkeit wird zur Befreiung beitragen. Dieses Prinzip wird ein so wesentlicher Bestandteil des eigenen Denkens, dass man es fraglos akzeptiert. Man kann sich nicht vorstellen, wie es anders sein könnte. Hoffnung ist eine wunderbare Sammellinse. Unser Auge bleibt an ihr haften. Und alles kann man untersuchen.

Der Isenheimer Altar – vergleichbar einer griechischen Tragödie oder einem Roman des neunzehnten Jahrhunderts – war ursprünglich so geplant, dass er die Totalität des Lebens und eine Erklärung der Welt darstellen sollte. Er war auf Holzpaneele gemalt, die an Scharnieren befestigt waren. Waren die Paneele geschlossen, sahen die Gläubigen eine Kreuzigung, daneben (auf den Seitenflügeln) St. Antonius und St. Sebastian. Wurden sie geöffnet, sah man ein Engelskonzert und eine Madonna mit Kind, daneben eine Verkündigung und eine Auferstehung. Wurden die Paneele noch einmal geöffnet, sah man die Apostel und einige kirchliche Würdenträger, daneben Gemälde aus dem Leben des hl. Antonius. Der Altar wurde vom Antoniter-Orden für ein Hospiz in Isenheim in Auftrag gegeben. Das Hospiz war für Opfer der Pest und der Syphilis bestimmt. Der Altar wurde gebraucht, um den Opfern zu helfen, mit ihrem Leiden ins Reine zu kommen.

Bei meinem ersten Besuch in Colmar sah ich in der Kreuzigung den Schlüssel für den ganzen Altar und in der Krankheit den Schlüssel für die Kreuzigung. „Je länger ich hinschaue, desto mehr bin ich davon überzeugt, dass Krankheit für Grünewald den eigentlichen Zustand des Menschen bedeutet. Krankheit stellt für ihn nicht ein Vorzeichen des Todes dar – wie im Allgemeinen für den entsetzten modernen Menschen; sie ist die Grundsituation des Lebens." So schrieb ich 1963. Ich ignorierte die Scharniere am Altar. Hinter meiner Hoffnungslinse war ich nicht auf die gemalten Paneele der Hoffnung angewiesen. Der auferstandene Christus schien mir „von Totenblässe gezeichnet", die Jungfrau in der Verkündigung die frohe Botschaft aufzunehmen wie „die Mitteilung von einer unheilbaren Krankheit"; bei der Madonna mit Kind hielt ich mich daran, dass das Wickeltuch derselbe zerfetzte (infizierte) Lappen war, der in der Kreuzigung als Lendentuch dienen sollte.

Diese Betrachtungsweise war nicht völlig willkürlich. Der Anfang des 16. Jahrhunderts wurde in vielen Teilen Europas als Zeit der Heimsuchung empfunden und erfahren. Und zweifellos ist diese Erfahrung im Altar enthalten. Aber nicht ausschließlich. Doch

Matthias Grünewald, Die Geburt Christi. Detail aus dem Isenheimer Altar, Colmar (um 1510).

1963 sah ich nur sie, nur die Trostlosigkeit. Etwas anderes brauchte ich nicht.

Zehn Jahre später ließ der gigantische, gekreuzigte Körper immer noch die Trauernden auf dem Gemälde und die davorstehenden Betrachter klein und unbedeutend wirken. Diesmal dachte ich: Die europäische Tradition kennt so viele Bilder der Marter und Qual; die meisten davon sind sadistisch. Wieso ist dieses, eines der unerbittlichsten und leiderfülltesten von allen, eine Ausnahme? Wie ist es gemalt?

Es ist Zentimeter für Zentimeter gemalt. Keine Umrisslinie, keine Vertiefung, keine Erhebung innerhalb der Umrisslinie lässt auf ein auch nur momentanes Schwanken der Abbildungsintensität schließen. Die Abbildung haftet an dem erlittenen Schmerz. Da kein Körperteil dem Schmerz entgeht, kann die Präzision der Abbildung nirgendwo nachlassen. Die Ursache des Schmerzes ist irrelevant; es zählt nur die Redlichkeit der Abbildung. Diese Redlichkeit kam durch das Einfühlungsvermögen der Liebe zustande.

Liebe macht unschuldig. Sie braucht nichts zu vergeben. Die geliebte Person ist nicht die, die man über die Straße gehen sieht. Sie ist auch nicht dieselbe wie die, die ihr eigenes Leben lebt und ihre eigene Erfahrung macht, denn diese Person kann gerade nicht unschuldig bleiben.

Wer also ist die „geliebte Person"? Ein Geheimnis, dessen Identität durch niemanden, außer durch den Liebenden bestätigt wird. Wie gut das Dostojewskij doch erkannt hat. Liebe ist einsam, auch wenn sie verbindet.

Die geliebte Person existiert weiter, auch wenn die Aktivitäten und die Egozentrik dieser Person sich in Nichts aufgelöst haben. Liebe erkennt die Person vor der Tat und dieselbe Person nach der Tat. Sie verleiht dieser Person einen Wert, der sich nicht in Tugend messen lässt.

Beispielhaft für eine solche Liebe kann die Liebe sein, die eine Mutter für ihr Kind empfindet. Leidenschaft ist nur eine Ausdrucksform der Liebe. Doch es gibt Unterschiede. Ein Kind befindet sich im Prozess des Werdens. Ein Kind ist unvollständig. In jeder erdenklichen momentanen Handlung kann es bemerkenswert vollständig sein. Im Übergang zwischen diesen Momenten ist es allerdings abhängig, dort wird offensichtlich, wie unvollständig es ist. Die Liebe einer Mutter sieht das anders. In ihrer Vorstellung ist das Kind ganz. Ihre Wünsche vermischen sich oder wechseln einander ab. Wie Beine, die gehen.

Die Entdeckung einer geliebten, schon vollendeten und geformten Person ist der Beginn einer Leidenschaft.

Diejenigen, die man nicht liebt, erkennt man an ihren Fertigkeiten. Die Fertigkeiten, die man selbst für wichtig hält, können sich unterscheiden von denen, die die Gesellschaft im Allgemeinen für wichtig hält. Dennoch betrachten wir diejenigen, die wir nicht lieben, im Hinblick darauf, wie sie einen gegebenen Umriss ausfüllen, und diesen Umriss beschreiben wir mit vergleichenden Adjektiven. Die „Gestalt", die sie annehmen, stellt die Summe all ihrer Fertigkeiten dar, so wie Eigenschaftswörter sie beschreiben.

Eine geliebte Person wird ganz anders gesehen. Ihre Umrisse oder ihre Gestalt sind keine Oberfläche, auf die man stößt, sondern ein Horizont, der einen umgibt. Eine Person, die man liebt, erkennt man nicht an ihren Fertigkeiten, sondern an den Verben, die ihr angemessen sind. Die Bedürfnisse dieser Person können von denen des (oder der) Liebenden ziemlich verschieden sein, aber sie kreieren einen Wert: den Wert dieser Liebe.

Für Grünewald war dieses Verb: malen. Das Leben Christi malen.

Einfühlungsvermögen kann, wenn man darin so weit geht wie Grünewald, ein Stück Wahrheit deutlich machen, das zwischen dem Objektiven und dem Subjektiven liegt. Ärzte und Wissenschaftler, die heute an einer Phänomenologie des Schmerzes arbeiten, könnten durchaus dieses Gemälde untersuchen. Die Verzerrung der Formen und Proportionen – die Vergrößerung der Füße, die Hypertrophie des Brustkastens, die Verlängerung der Arme, das Ausgreifen der Finger – kann vielleicht genau die empfundene Anatomie des Schmerzes wiedergeben.

Ich will nicht sagen, dass ich 1973 mehr gesehen habe als 1963. Ich habe anders gesehen. Das ist alles. Die zehn Jahre stellen nicht unbedingt einen Fortschritt dar, in gewisser Hinsicht sogar eine Niederlage.

Der Altar ist in einer hohen Galerie mit gotisch geschnittenen Fenstern untergebracht. Ganz in der Nähe befinden sich ein Fluss und einige alte Speicher. Während meines zweiten Besuches machte ich mir Notizen und sah von Zeit zu Zeit zum Engelskonzert hoch. Bis auf einen einsamen Wärter, einen alten Mann, der seine Hände in Wollhandschuhen über einem tragbaren Ölofen aneinander rieb, war die Galerie verlassen. Ich sah auf; ich merkte, dass sich etwas bewegt oder verändert hatte. Doch ich hatte nichts gehört, und in der Galerie war es ganz still. Dann sah ich, was sich verändert hatte. Die Sonne war hervorgekommen. Tief am Winterhimmel stehend, schien sie direkt in die gotischen Fenster, so dass sich auf der gegenüberliegenden weißen Wand mit klaren Linien die Spitzbögen abzeichneten. Von den „Fenster-Lichtern" auf der Wand sah ich zum Licht in den gemalten Paneelen hinüber – dem gemalten Fenster an der hinteren Seite der gemalten Kapelle, in der die Verkündigung stattfindet; zum Licht, das sich über den Berghang hinter der Madonna ergießt; zum großen Lichtkreis, der wie eine Aurora Borealis um den auferstandenen Christus schwebt. Überall hielt das Gemälde stand. Es blieb Licht, es löste sich nicht in bunte Farbe auf. Die Sonne zog sich zurück, und die weiße Wand verlor ihre Belebung. Die Bilder behielten ihre Leuchtkraft.

Jetzt wurde mir klar, dass das ganze Altarstück von Dunkelheit und Licht handelt. Der immense Raum aus Himmel und Erde hinter der Kreuzigung – die Ebene des Elsass, die von tausenden von Flüchtlingen, die vor Krieg und Hunger flohen, durchquert wurde – ist verlassen und von einer Dunkelheit erfüllt, die endgültig zu sein scheint. 1963 wirkte das Licht in den anderen Paneelen gebrechlich und künstlich. Oder, genauer gesagt, gebrechlich und unirdisch. (Ein Licht, das in der Dunkelheit erträumt wird.) 1973 sah ich, dass das Licht in den Paneelen genau damit übereinstimmt, wie man Licht im Grunde erfährt.

Nur unter ganz besonderen Umständen ist Licht gleichmäßig und konstant. (Manchmal auf See, auch in der Nähe hoher Berge.) Normalerweise ist Licht ungleichmäßig und veränderlich. Es wird von Schatten durchkreuzt. Einige Oberflächen reflektieren Licht mehr als andere. Licht ist nicht, wie die Moralisten uns glauben machen wollen, der ewige Gegenpol der Dunkelheit. Licht flammt aus der Dunkelheit auf.

Man sehe sich die Paneele der Madonna und des Engelkonzertes an. Wenn Licht nicht ganz gleichmäßig ist, löst es die regelrechte Ordnung auf. Sowie wir das Licht bemerken, formt es den Raum um. Zunächst einmal wirkt das, was sich im Licht befindet, im Allgemeinen näher als das, was im Schatten ist. In der Nacht scheinen die Dorflichter das Dorf näher zu rücken. Betrachtet man dieses Phänomen genauer, nimmt es subtilere Züge an. Jede Ansammlung von Licht wirkt als ein Zentrum imaginärer Anziehung, das heißt, man kann – in Gedanken – die schattigen oder dunklen Stellen auch von ihm ausgehend ermessen. Damit gibt es so viele artikulierte Räume wie Lichtpunkte. Der eigene Standort bestimmt den Primärraum eines Grundrisses. Aber völlig unabhängig davon beginnt ein Dialog mit jedem in Licht getauchten Ort, gleichgültig, wie weit er entfernt ist, und jeder dieser Orte bringt einen anderen

Raum, eine andere räumliche Artikulation nahe. In Gedanken versetzt man sich an jeden hell erleuchteten Ort. Es ist, als würde das sehende Auge überall dort, wo sich Licht konzentriert, das eigene Echo sehen. Diese Vielfältigkeit ist eine Art von Freude.

Die Anziehungskraft, die Licht auf das Auge oder – als Energiequelle – auf den Organismus ausübt, ist grundlegender Art. Die Anziehungskraft, die Licht auf die Phantasie ausübt, ist komplexer, weil sie den Denkapparat als Ganzes und damit die vergleichende Erfahrung miteinbezieht. Wir reagieren auf natürliche Schwankungen des Lichts mit bestimmten, aber unendlich feinen Gemütsschwankungen; wir sind, je nachdem, hochgestimmt oder niedergedrückt, hoffnungsvoll oder ängstlich. Bei fast jedem Anblick teilen wir die Erfahrung seines Lichts in räumliche Zonen der Sicherheit und Zonen des Zweifels auf. Das Sehen tastet sich von Licht zu Licht, wie jemand, der in einem Bach von Stein zu Stein hüpft.

Fügt man die beiden Beobachtungen zusammen, ergibt sich Folgendes: Hoffnung übt eine Anziehungskraft aus, strahlt als Punkt, dem man nahe sein will, von dem aus man messen will. Zweifel hat keinen Mittelpunkt und ist allgegenwärtig.

Daher die Stärke und die Zerbrechlichkeit von Grünewalds Licht.

Ich habe Colmar beide Male im Winter besucht und die Stadt war jedes Mal einer ähnlichen Kälte ausgesetzt, der Kälte, die aus den Ebenen aufsteigt und eine Erinnerung an den Hunger mit sich bringt. Es war die gleiche Stadt, die gleichen physikalischen Bedingungen. Nur meine Sehweise war anders. Es ist eine Binsenwahrheit, dass sich die Bedeutung eines Kunstwerks mit seinem Überdauern wandelt. Normalerweise dient diese Einsicht dazu, um zwischen „ihnen" (in der Vergangenheit) und „uns" (heute) zu unterscheiden. Wir neigen im Allgemeinen dazu, sie und ihre Reaktionen auf Kunst als in Geschichte gefangen zu betrachten, während wir gleichzeitig uns selbst einen Überblick zutrauen; man blickt gewissermaßen von einem Gipfelpunkt der Geschichte zu ihnen hinunter. Dann scheint das bis heute überdauernde Kunstwerk unsere überlegene Position zu bestätigen. Das Ziel seines Überdauerns waren wir.

Das ist Illusion. Man ist nie von der Geschichte ausgeschlossen. Das erste Mal, als ich den Grünewald-Altar sah, ging es mir vor allem darum, ihn historisch einzuordnen. In die Begriffe der mittelalterlichen Religion, der Pest, des Lazarus-Stifts. Jetzt bin ich gezwungen worden, mich selbst historisch einzuordnen.

In einer Zeit revolutionärer Erwartung sah ich ein Kunstwerk, das als Zeugnis der Verzweiflung der Vergangenheit überdauert hat; in einer Zeit, die durchgestanden werden muss, bietet mir das gleiche Kunstwerk wunderbarerweise einen schmalen Weg durch die Verzweiflung an.

Lang ist das Licht unterwegs

Christine Busta

Lang ist das Licht unterwegs,
manchmal inmitten der Nacht
kommt ein vergangener Stern an.

In uns bauen uralte
Himmel sich neu und leuchten,
also vollziehn wir noch immer
Botschaft des ersten Lichts.

Auch die Geduld unsrer Liebe –
Wunder, in wie vielen Nächten
unerkannt ausgestirnt –
wen wird sie einmal erreichen?

6
Eine Stunde ohne Stern im Finstern

Die Entstehung des Weihnachtsdatums

Rudolf Bischof

In diesen dunklen Wintertagen suchten die Menschen schon in alten Kulturen und Zeiten nach Licht und Erlösung. Diese Sehnsucht hat tiefe Wurzeln. Die Römer haben am 25. Dezember ihren Sonnengott „Sol" gefeiert. Dieser Tag war von Julius Caesar als Wintersonnenwendetag festgeschrieben worden. Man feierte die Wiederkehr des „Sol invictus", der unbesiegbaren Sonne. Kaiser Aurelian (270-275 n. Chr.) hat den 25. Dezember, den Geburtstag des Sonnengottes, zum Staatsfeiertag erklärt. Zur Feier wurden Feuer entzündet, das Gesinde wurde mit Kerzen und Tonfiguren beschenkt, das Haus mit grünen Kränzen geschmückt. Den ganzen Tag über wurde getanzt und gefeiert.

Die Christen erkannten in Jesu Geburt die Geburt dieses Lichtes, das den Menschen in ihrem Winter und Dunkel Wärme und Licht schenkte. So wurde das heute bekannte Datum für das Weihnachtsfest im Jahre 354 durch den Bischof von Rom festgelegt. In einem Kalenderwerk und Staatshandbuch, das für die Bevölkerung der Stadt bestimmt war, findet sich unter dem 25. Dezember ein entsprechender Vermerk: „Natus est Christus in Bethlehem Iudaeae."

Dieser Festtag erinnerte alle daran, dass wir Menschen in unserer ewigen Herbergssuche ankommen können. Einmal werden wir Wärme, Verstehen, Angenommensein finden, einmal gibt es eine Stube, in der sich unsere Seele zuhause fühlt. Und das zu bereiten, darin liegt der Sinn des Advents.

Janine feiert Weihnachten

Werner Wollenberger

Wann ist Weihnachten? Man sagt am 24. Dezember, am 25. vielleicht. Das habe ich auch immer geglaubt, bis jene Geschichte passierte, die ich jetzt erzählen möchte. Seither bin ich nicht mehr so sicher.

Die Geschichte nahm ihren Anfang im Sommer des Jahres 1958 in einem kleinen Juradorf. Das Juradorf war wirklich sehr klein – ein paar Häuser, ein Bäcker, zwei, drei Wirtschaften, eine kleine Schule, eine Kirche und ein paar Familien über die Hänge verstreut. Eine dieser Familien bestand aus einem jungen Ehepaar und einem achtjährigen Mädchen, nennen wir es Janine. Janine war ein fröhliches Mädchen, aber in diesem Sommer begann sie zu kränkeln. Sie wurde apathisch, sie war immer müde, sie nahm nicht mehr an den Spielen ihrer Gefährtinnen teil; sie begann Kopfweh zu haben, sie wollte morgens nicht mehr aufstehen, sie war krank. Zuerst schien die Sache nicht sehr Besorgnis erregend; aber, nachdem Janine immer mehr zu klagen begann, ging die Mutter zum Arzt des nächsten größeren Dorfes. Der Arzt untersuchte sie und kam der Krankheit nicht auf die Spur.

So fuhr die Mutter denn eines Tages im September nach Basel und ließ Janine von einem berühmten Professor an der Universitätsklinik untersuchen. Der Bescheid, den Janines Mutter bekam, war erschreckend. Janine hatte Leukämie, eine Blutkrankheit, gegen die es auch heute noch kein Mittel gibt und die binnen kurzer Zeit zum sicheren Tod führt. Der Professor gab Janine höchstens noch zwei Monate zu leben. Die Mutter war verzweifelt. Sie beschwor den berühmten Arzt, sie bat ihn, sie fragte, was sie tun könne, und dem Arzt blieb nichts übrig, als ihr zu sagen, das Einzige, was sie für Janine noch unternehmen könne, sei, ihr die letzten Wochen ihres Lebens so schön wie immer möglich zu machen.

Janines Eltern waren nicht reich, aber es ging ihnen nicht schlecht, und sie beschlossen, für Janine zu tun, was immer nur zu tun sei: mit ihr zu reisen, ihr die Schweiz zu zeigen, die Welt zu zeigen; sie mit Geschenken zu überschütten.

Aber Janine wollte von alldem nichts wissen. Sie wollte nicht reisen, sie wollte keine Geschenke haben. Sie hatte nur einen einzigen Wunsch, und das war: Weihnachten zu feiern. Sie wollte Weihnachten haben, und zwar wunderschöne Weihnachten, wie sie sich ausdrückte, Weihnachten mit allem, was Weihnachten zu Weihnachten macht. Das war der einzige Wunsch, der Janine nicht zu erfüllen war.

Dezember rückte näher, der Vater wurde immer verzweifelter, und in seiner Verzweiflung vertraute er sich einem Freund, nämlich dem Lehrer des Dorfes, an. Zusammen kamen die Männer auf eine Idee. Der Vater ging nach Hause und mit gespielter Begeisterung erzählte er Janine, dass Weihnachten ausnahmsweise in diesem Jahr früher stattfinden werde, und zwar bereits am 2. Dezember.

Janine war ein gescheites Kind und glaubte die Geschichte zunächst nicht; das heißt, sie hätte sie gerne geglaubt, aber sie konnte das gar nicht fassen. Nun, der Vater sagte, mit Ostern sei es ja auch so, und genauso sei es nun eben einmal mit Weihnachten. Die Idee schien dem Vater sehr gut; er hatte nur etwas dabei vergessen: Weihnachten ist ein Fest, das man nicht allein feiern kann. Zu Weihnachten gehörten die Weihnachtsvorbereitungen, das Packen der Paketchen, der Geschenke. Zu Weihnachten gehört als Vorbereitung, dass in den Geschäften die Geschenke ausgestellt sind, dass die Christbäume auf dem Dorfplatz aufgerichtet werden. Zu Weihnachten gehört die ganze Zeit vor Weihnachten, und zu Weihnachten gehört vor allem, dass alle es feiern.

Der Nächste im Dorf, der ins Vertrauen gezogen wurde, war der Bäcker. Und der Bäcker beschloss, seine Lebkuchenherzen dieses Jahr schon früher zu backen. Er beschloss auch, sein berühmtes Schokoladenschiff, das er jedes Jahr ausstellte, dieses Jahr schon früher ins Fenster zu stellen und aus den Schloten des Schiffes die Watte dampfen zu lassen. Und nun begannen die anderen Geschäftsleute des Dorfes, die sich zunächst gesträubt hatten – denn Weihnachten ist für Geschäftsleute nicht nur ein Fest, sondern eben auch ein Geschäft –, die Leute, die sich zunächst gesträubt hatten, begannen auch, ihre Weihnachtsvorbereitungen zu treffen.

Der Plan setzte sich immer fester in die Köpfe der Leute des kleinen Juradorfes. In der Schule wurde gebastelt, und auch im Kindergarten wurde gebastelt; den Kindern wurde eingeschärft, dass Weihnachten dieses Jahr früher sei als in anderen Jahren, und es wurde überall gemalt und gebacken. Die Hausfrauen machten mit; die Väter gingen auf den Dachboden, holten die Lokomotiven und die Eisenbähnchen und begannen, sie neu zu bemalen oder auszubessern; die Puppen wurden in die Puppenklinik gebracht. In dem kleinen Dorf setzten schon Mitte November ganz große Weihnachtsvorbereitungen ein. Der letzte Widerstand, der zu überwinden war, war der des Pfarrers: Konnte er denn die ganze Weihnachtsliturgie vorwegnehmen? Er konnte es. Er setzte Weihnachten für den 2. Dezember fest.

Der 2. Dezember kam, und es wurde ein wundervolles Weihnachten für Janine, ein Weihnachtsfest wie in anderen Jahren. Die Sternsinger kamen, verteilten ihre Lebkuchen, ihre Nüsse, ihre Birnen, und sogar aus dem Radio kam weihnachtliche Musik, kam „O du fröhliche", kamen die Schweizer Weihnachtslieder, und daran war nicht das Radio schuld, daran war ein kleiner Elektriker im Dorf schuld, der eine direkte Leitung in das Haus Janines gelegt hatte und vom Nebenhaus her Platten abspielte, deren Musik nun direkt aus dem Lautsprecher kam.

Es war ein wundervolles Weihnachtsfest, und zwei Tage später starb Janine. Am 24. Dezember 1958 wurde in diesem kleinen Juradorf nicht mehr Weihnachten gefeiert.

Vor der langen Zeit

Ilse Aichinger

Kann es denn sein, dass Weihnachten gar nicht dort liegt, wo wir es normalerweise suchen, in der selbst gebastelten Nostalgie und brüchigen Romantik unserer Feste? Dass es nicht vor uns, sondern hinter uns liegt, in jener Stunde ohne Stern, in der selbst die Kuppel der Kirche verstaubt aussah? Wenn wir uns so in der anderen Richtung auf den Weg machten, nicht mehr davonliefen, sondern der Angst entgegengingen? – Vielleicht finden wir dann Weihnachten mitten in der Bedrängnis und Ernüchterung, so dass selbst der Staub uns als Weihrauch erscheint?

Ich glaube, ich war damals acht oder neun Jahre alt. Ich sehe die Laienschwester vor mir, eine der Schwestern, die aufräumen und die – zum Unterschied zu den höheren Ordensfrauen – die weißen Hauben tragen. Ich sehe sie gegen die halbgeöffneten Fenster des Festsaals, das helle und ein wenig verdrossene Licht des frühen Nachmittags und den Staub, der wie Weihrauch aufsteigt und sich in diesem Licht bewegt, gegen die kahlen feuchten Äste draußen im halben Wind. Und dann erinnere ich mich. Ich erinnere mich der Stunde, die diesem Staub und diesem Licht und dieser Schwester aufgesetzt ist: Es ist kurz nach drei Uhr nachmittags, am dreiundzwanzigsten Dezember. Und ich weiß in diesem Augenblick, dass jetzt Weihnachten ist, zu dieser Stunde, dass es jetzt schon ist, nicht morgen, und dass nichts sie überbieten wird. Es ist eine Stunde ohne Stern im Finstern, ohne Schnee, ohne Baum, und die Kuppel der russischen Kirche drüben in dem milchigen Himmel sieht aus, als wäre auch sie von Staub überzogen. Und doch weiß ich in diesem Moment: Es ist jetzt. Und wenn alles dagegenspräche: Weihnachten ist jetzt. Aber alles vergewissert mich dessen: die halbabgewandte Schwester mit Besen und Schaufel in den Händen, die auf den Kopf gestellten Sessel und die Stimmen der anderen, die sich an der Pforte unten verabschieden, ehe sie in die Ferien gehen. Ich gehe langsam durch den dunklen Raum, in dem die Kirchenschleier aufbewahrt werden, an dem Sprechzimmer mit den gläsernen Türen und den Gummibäumen vorbei. Ich läute unten und lasse mir von der Pfortenschwester Mantel und Mütze in Ordnung bringen und sage „Fröhliche Weihnachten", ehe ich gehe. Und dabei denke ich noch einmal an den verlassenen Festsaal, an die Stunde, die ich verließ.

Es gab Jahre, in denen Weihnachten schon auf den zweiten Dezember fiel, auf einen Augenblick, in dem wir uns auf einer Truhe im Gang die etwas zu engen Schneeschuhe überzuziehen versuchten. Und im Grunde fiel es mit jedem Jahr, das ich älter wurde, früher. Einmal auf einen Augenblick im Oktober, in dem meine Großmutter den Wächter im Botanischen Garten fragte, weshalb heute schon früher gesperrt würde – einmal sogar mitten in den September hinein.

Und die Zeit, die zwischen diesem Augenblick und dem Heiligen Abend verstrich, war keine Zeit, war viel eher ein Teil des Raumes geworden, ein dunkler stiller Flügel, der sich gefaltet hatte über dem Rattern der Straßenbahnen, dem Küchenlärm am Sonntag, der Stimme des Geographielehrers am halben Vormittag. Etwas, das zugleich abdämpfte und deutlich machte. Das die Angst, es könnte vorbei sein, diese ärgste Angst, Weihnachten könnte vorübergehen, beschwor, zur Gewissheit steigerte und damit ausschloss.

Viel später, als ich schon erwachsen war, erzählte mir jemand, er hätte an einem heißen Augusttag in der Nähe des Seebades Brighton aus einem kleinen Kofferradio das Lied „Stille Nacht" gehört.

Da fiel mir meine Kindheit ein und ich dachte, vielleicht wären die Leute in dem Boot bei Brighton auf dem rechten Wege. Vielleicht müsste man, damit Weihnachten wieder auf Weihnachten fiele, das Jahr nach der andern Richtung hin durchstoßen, durch den Hochsommer, durch den April und den März, diese schwierigen und nüchternen Monate hindurchkommen, um wieder im Dezember zu sein. Vielleicht hängen die viel zu früh und viel zu oft an allen Bahnstationen und auf den verlassenen Autobushaltestellen errichteten Christbäume bis zu einem kleinen Grad auch mit der Angst zusammen, es könnte vorbei sein, Weihnachten, dieser Leben gebende Augenblick, könnte irgendwann einmal nicht sein – mit dem Verlangen, die Zeit aus dem Raum zu drängen. Denn die Angst hat ja zugenommen und das Verlangen auch.

„Mutter, ich habe den Heiligen Christ gesehen", sagte das Mädchen Sanna in der Erzählung Bergkristall von Stifter. Und es hat ihn in der Heiligen Nacht gesehen, im rechten Moment. Jetzt wird es in Ruhe den Januar und den März kommen lassen, den Juni, Juli und August, und es wird auch am dreiundzwanzigsten Dezember des nächsten Jahres den Augenblick nicht vorwegnehmen. Was sollen wir aber tun, damit die Christnacht wieder in die Christnacht fällt? Wie sollen wir die Verschiebungen der Furcht und des Verlangens wieder von uns lösen und uns den Festen und Ernüchterungen anheimgeben, wie sie kommen?

Ich erinnere mich, dass es mir außer in der frühesten Kindheit nur mehr vor dem Krieg und im Krieg gelungen ist. Damals, als die äußere Bedrängnis der inneren zu Hilfe kam und beide zusammen wie zwei Engel den Augenblick wieder in sein Recht setzten.

In Österreich hatten zu Weihnachten 1938 Verfolgung und Unsicherheit für viele Familien begonnen. Auch wir hatten unsere Wohnung verlassen müssen und wohnten bei unserer Großmutter. Meine Schwester und ich lagen miteinander in einem Bett im Wohnzimmer, und auf dem Klavier neben dem Bett stand der Christbaum. Wenn man nachts erwachte und sich aufrichtete, konnte man zuweilen die Silberfäden in dem Ebenholz sich spiegeln sehen. Noch einmal brandete die Kindheit gegen alle Mauern, warf sich von dem eiskalten und unbewohnten Salon her gegen die Tür, zitterte mit den schlecht verkitteten Scheiben, wenn unten auf der kleinen Bahnlinie ein Lastwagen vorüberfuhr, in der Richtung nach Osten. Vielleicht waren es dieselben Lastwagen, die nur wenig später den Deportationen dienten – noch verteilte sich der Rauch der altmodischen Lokomotive wie Rauch auf dem Nachthimmel, noch dienten sie der Kindheit.

Aber vielleicht, dass diese beiden Dienste auf eine geheimnisvolle und undurchschaubare Weise zusammenfielen, dass die späteren furchtbaren und oft ohne Trost durchstandenen Leiden so vieler der kurzen und ebenso ungeschmälerten Freude dieses Festes zu Hilfe kamen. Denn vermutlich hat die äußerste Bedrängnis mit der äußersten Geborgenheit mehr zu tun als das Mittlere mit beidem von ihnen. Jedenfalls fiel in diesem Jahr, und auch in den folgenden noch um vieles elenderen, Weihnachten wieder auf Weihnachten wie in der frühesten allerersten Kinderzeit, uneingeschränkt und angstlos auf eine zugleich neue und uralte Weise.

Wenn man den Schmerz ermisst, von dem ich überzeugt bin, dass er dieser und aller Freude dient, der Kindheit, dem Christfest, den ungetrösteten und ungestillten Schmerz aller Jahrtausende, so ermisst man die Schulden, die von jedem von uns abzutragen sind. Wenn es uns gelänge, und sei es auch nur durch die Hinnahme der Ernüchterung, der Angst und Verwirrung dieser Zeit: Vielleicht fiele dann noch einmal der Heilige Abend auf den Heiligen Abend, die Stimme des Engels auch für uns wieder in die Heilige Nacht.

Einsiedlers Heiliger Abend

Joachim Ringelnatz

Ich hab' in den Weihnachtstagen –
ich weiß auch, warum –
mir selbst einen Christbaum geschlagen,
der ist ganz verkrüppelt und krumm.

Ich bohrte ein Loch in die Diele
und steckte ihn da hinein
und stellte rings um ihn viele
Flaschen Burgunderwein.

Und zierte, um Baumschmuck und Lichter
zu sparen, ihn abends noch spät
mit Löffeln, Gabeln und Trichter
und anderem blanken Gerät.

Ich kochte zur heiligen Stunde
mir Erbsensuppe mit Speck
und gab meinem fröhlichen Hunde
Gulasch und litt seinen Dreck.

Und sang aus burgundernder Kehle
das Pfannenflickerlied.
Und pries mit bewundernder Seele
alles das, was ich mied.

Es glimmte petroleumbetrunken
später der Lampendocht.
Ich saß in Gedanken versunken.
Da hat's an die Türe gepocht.

Und pochte wieder und wieder.
Es konnte das Christkind sein.
Und klang's nicht wie Weihnachtslieder?
Ich aber rief nicht: „Herein!"

Ich zog mich aus und ging leise
zu Bett, ohne Angst, ohne Spott,
und dankte auf krumme Weise
lallend dem lieben Gott.

Ein ernstes Gespräch

Raymond Carver

übersetzt von Helmut Frielinghaus

Der Amerikaner Raymond Carver (1938–1988) wird aufgrund der unerbittlichen Ausweglosigkeit seiner Erzählungen gerne mit Anton Tschechow verglichen. In seinen Kurzgeschichten bringt er nüchtern und lakonisch die Schwierigkeiten menschlicher Beziehungen auf den Punkt: Gerade Weihnachten ist der Tag, an dem die Illusionen und Utopien sich als ebensolche erweisen, wo Distanz und Entfremdung deutlich werden.

Veras Auto stand da, sonst keines, und Burt war dankbar dafür. Er bog in die Einfahrt und hielt neben der Torte, die er am Abend zuvor hatte fallen lassen. Sie lag immer noch da, mit der Aluminiumform nach oben und mit einem Hof von Kürbisfüllung ringsherum auf dem Pflaster. Es war der Tag nach Weihnachten.

Er war am Weihnachtstag gekommen, um seine Frau und seine Kinder zu besuchen. Vera hatte ihn im Voraus gewarnt. Sie hatte ihm erklärt, wie die Dinge standen. Sie hatte gesagt, dass er um sechs wieder weg sein müsse, denn ihr Freund und dessen Kinder kämen zum Abendessen. Sie hatten im Wohnzimmer gesessen und feierlich die Geschenke ausgepackt, die Burt mitgebracht hatte. Sie hatten seine Päckchen aufgemacht, während andere Päckchen, in festliches Papier eingeschlagen, aufgestapelt unter dem Weihnachtsbaum lagen und auf die Zeit nach sechs Uhr warteten.

Er hatte zugesehen, wie die Kinder ihre Geschenke auspackten, und gewartet, als Vera das Seidenband von ihrem Päckchen löste.

Er sah zu, wie sie das Papier abstreifte, den Deckel hob, den Kaschmirpullover herausnahm.

»Hübsch«, sagte sie. »Vielen Dank, Burt.«

»Probier ihn an«, sagte seine Tochter.

»Zieh ihn an«, sagte sein Sohn.

Burt sah seinen Sohn an; er war ihm dankbar für die Unterstützung.

Sie probierte ihn tatsächlich an. Vera ging ins Schlafzimmer und kam in dem Pullover heraus. »Hübsch«, sagte sie.

»Hübsch an dir«, sagte Burt, und er spürte, wie seine Brust anschwellte.

Er packte seine Geschenke aus. Von Vera bekam er einen Geschenkgutschein von Sondheims, dem Herrenbekleidungsgeschäft. Von seiner Tochter einen Kamm und eine Bürste, die zusammenpassten. Von seinem Sohn einen Kugelschreiber.

Vera reichte Erfrischungsgetränke, und sie unterhielten sich ein bisschen. Aber meistens starrten sie auf den Baum. Dann stand seine Tochter auf und fing an im Esszimmer den Tisch zu decken, und sein Sohn ging fort, in sein Zimmer. Aber Burt gefiel es da, wo er war. Es gefiel ihm, vor dem Kamin zu sitzen, ein Glas in der Hand, in seinem Haus, seinem Zuhause.

Dann ging Vera in die Küche.

Ab und zu kam seine Tochter ins Esszimmer und brachte etwas für den Tisch. Burt sah ihr zu. Er sah zu, wie sie die Leinenservietten faltete und in die Weingläser steckte. Er sah zu, wie sie eine schlanke Vase in die Mitte des Tisches stellte. Er sah zu, wie sie, ganz vorsichtig, eine Blume in die Vase tat.

Ein kleiner Klotz aus Wachs und Sägemehl brannte auf dem Rost im Kamin. Eine Schachtel mit fünf weiteren lag griffbereit auf dem Sims. Er stand vom Sofa auf und legte sie alle in den Kamin. Er sah zu, wie sie in Flammen aufgingen. Dann trank er sein Glas aus und ging zur Terrassentür. Auf dem Weg dorthin sah er, aufgereiht auf der Anrichte, die Torten. Er stapelte sie auf seinen Arm, alle sechs, eine für jeweils zehn Male, die sie ihn betrogen hatte. Draußen in der Einfahrt ließ er im Dunkeln eine fallen, als er ungeschickt an der Autotür hantierte.

Die Haustür war seit der Nacht, in der er seinen Schlüssel im Schloss abgebrochen hatte, ständig verschlossen. Er ging außen herum zum hinteren Eingang. An der Tür hing ein Weihnachtskranz. Er klopfte an die Glasscheibe. Vera war im Bademantel. Sie sah zu ihm hinaus und runzelte die Stirn. Sie öffnete die Tür einen Spalt.

Burt sagte: »Ich wollte mich für gestern Abend entschuldigen. Ich möchte mich auch bei den Kindern entschuldigen.«

Vera sagte: »Sie sind nicht da.«

Sie stand in der Tür, und er stand im Garten, gleich neben dem Philodendron. Er zupfte an einer Faser an seinem Ärmel.

Sie sagte: »Ich halte das nicht mehr aus. Du hast beinahe das Haus in Brand gesteckt.«

»Hab ich nicht.«

»Doch, hast du. Alle hier haben es mitangesehen.«

Er sagte: »Kann ich reinkommen und was dazu sagen?«

Sie zog den Bademantel oben am Hals zusammen und ging zurück nach drinnen.

Sie sagte: »Ich muss in einer Stunde weg.«

Er sah sich um. An dem Baum gingen die Lichter an und aus. Buntes Seidenpapier und glänzende Schachteln stapelten sich am einen Ende des Sofas. Ein Truthahngerippe lag auf einer Platte in der Mitte des Esszimmertischs, die ledrigen Reste in einem Petersilienbett wie in einem schaurigen Nest. Ein kegelförmiger Berg Asche füllte den Kamin. Auch ein paar leere Shasta-Cola-Dosen lagen darin. Eine Spur von Rauchflecken zog sich an den Ziegelsteinen zum Kaminsims hinauf, wo das Holz, das den Rauch aufgehalten hatte, schwarz versengt war.

Er drehte sich um und ging wieder in die Küche.

Er sagte:»Wann ist denn dein Freund gestern Abend gegangen?«

Sie sagte:»Wenn du damit anfängst, kannst du gleich gehen.«

Er zog einen Stuhl heraus und setzte sich an den Küchentisch vor den großen Aschenbecher. Er schloss die Augen und machte sie wieder auf. Er schob die Gardine zur Seite und blickte in den Garten hinaus. Er sah ein Fahrrad ohne Vorderrad, das umgekehrt dastand. Er sah Unkraut, das überall an dem Redwoodzaun wuchs.

Sie ließ Wasser in einen Kochtopf laufen.»Erinnerst du dich an Thanksgiving?«, sagte sie.»Damals hab ich gesagt, das war der letzte Feiertag, den du uns verdorben hast. Statt Truthahn gab es abends um zehn Speck und Eier.«

»Ich weiß«, sagte er.»Ich hab gesagt, es tut mir leid.«

»Leid? Das reicht nicht.«

Die Zündflamme war wieder ausgegangen. Sie stand am Herd und versuchte das Gas unter dem Topf anzumachen.»Verbrenn dich nicht«, sagte er.»Pass auf, dass du nicht Feuer fängst.«

Er stellte sich vor, wie ihr Bademantel Feuer fing und wie er vom Tisch aufsprang, sie auf den Fußboden warf und rollte und immer weiter rollte, ins Wohnzimmer, wo er sie mit seinem Körper bedecken würde. Oder sollte er ins Schlafzimmer laufen und eine Decke holen?

»Vera?«

Sie sah ihn an.

»Hast du was zu trinken da? Ich könnte heute Morgen einen Drink gebrauchen.«

»Im Tiefkühlfach ist noch etwas Wodka.«

»Seit wann bewahrst du Wodka im Tiefkühlfach auf?«

»Frag lieber nicht.«

»Gut, gut«, sagte er. »Ich frag nicht.«

Er holte den Wodka heraus und goss sich etwas in eine Tasse, die er auf der Arbeitsfläche fand.

Sie fragte: »Willst du das etwa so trinken, aus der Tasse?« Sie sagte: »Gott im Himmel, Burt. Worüber willst du eigentlich reden? Ich hab dir gesagt, ich muss weg. Ich habe um ein Uhr Flötenstunde.«

»Nimmst du immer noch Flötenunterricht?«

»Hab ich gerade gesagt. Was ist? Sag mir, was du loswerden willst, und dann muss ich mich fertig machen.«

»Ich wollte dir sagen, dass es mir leid tut.«

Sie sagte: »Das hast du schon gesagt.«

Er sagte: »Wenn du etwas Saft hättest, irgendwas, könnte ich mir was davon in den Wodka tun.«

Sie machte den Kühlschrank auf und schob einige Sachen herum.

»Hier ist Preiselbeersaft«, sagte sie.

»Das ist gut«, sagte er.

»Ich geh jetzt ins Bad«, sagte sie.

Er trank die Tasse Preiselbeersaft mit Wodka aus. Er zündete sich eine Zigarette an und warf das Streichholz in den großen Aschenbecher, der immer auf dem Küchentisch stand. Er untersuchte die Kippen darin. Manche waren von Veras Sorte und manche nicht. Manche waren sogar lavendelfarben. Er stand auf und leerte alles in den Eimer unter der Spüle.

Der Aschenbecher war eigentlich gar kein Aschenbecher. Es war ein großer Steingutteller, den sie bei einem bärtigen Töpfer an der Haupteinkaufsstraße in Santa Clara gekauft hatten. Er spülte ihn und trocknete ihn ab. Er stellte ihn wieder auf den Tisch. Und dann drückte er seine Zigarette darin aus.

Das Wasser auf dem Herd fing an zu kochen, und im selben Augenblick klingelte das Telefon.

Er hörte, wie sie die Badezimmertür aufmachte und durchs Wohnzimmer nach ihm rief. »Geh du ran! Ich wollte gerade duschen.«

Das Küchentelefon stand auf der Arbeitsfläche in einer Ecke hinter dem Bratentopf. Er schob den Topf beiseite und nahm den Hörer ab.

»Ist Charlie da?«, fragte die Stimme.

»Nein«, sagte Burt.

»Okay«, sagte die Stimme.

Während er nach dem Kaffee sah, klingelte das Telefon wieder.

»Charlie?«

»Nicht hier«, sagte Burt.

Dieses Mal ließ er den Hörer neben dem Telefon liegen.

Vera kam wieder in die Küche, sie hatte Jeans an und einen Pullover und war dabei, sich die Haare zu bürsten.

Er löffelte Kaffeepulver in die Tassen mit heißem Wasser und schüttete dann ein bisschen Wodka in seine. Er trug die Tassen zum Tisch hinüber.

Sie nahm den Hörer und horchte. Sie sagte: »Was soll das? Wer war dran?«

»Niemand«, sagte er. »Wer raucht denn hier bunte Zigaretten?«

»Ich.«

»Hab ich gar nicht gewusst.«

»Tu ich aber.«

Sie saß ihm gegenüber und trank ihren Kaffee. Sie rauchten und benutzten den Aschenbecher.

Es gab allerlei, was er sagen wollte, traurige Dinge, tröstliche Dinge, eben solche Dinge.

»Ich rauche zurzeit drei Päckchen am Tag«, sagte Vera. »Ich meine, wenn du wirklich wissen willst, was hier los ist.«

»Allmächtiger«, sagte Burt.

Vera nickte.

»Dazu bin ich nicht hergekommen, um das zu hören«, sagte er.

»Was wolltest du denn hören, warum bist du gekommen? Willst du hören, dass das Haus abgebrannt ist?«

»Vera«, sagte er. »Es ist Weihnachten. Deshalb bin ich gekommen.«

»Es ist der Tag nach Weihnachten«, sagte sie. »Weihnachten war da und ist vorbei«, sagte sie. »Ich möchte nie wieder eins erleben.«

»Und ich?«, sagte er. »Glaubst du, ich freu mich auf Feiertage?«

Das Telefon klingelte wieder. Burt nahm den Hörer ab.

»Jemand, der Charlie sprechen will«, sagte er.

»Was?«

»Charlie«, sagte Burt.

Vera nahm das Telefon. Sie kehrte ihm den Rücken zu, während sie sprach. Dann drehte sie sich zu ihm um und sagte: »Ich möchte im Schlafzimmer telefonieren. Würdest du bitte auflegen, wenn ich drüben den Hörer abgenommen hab? Ich merke es, also häng bitte auf, wenn ich es sage.«

Er nahm den Hörer. Sie ging aus der Küche. Er hielt den Hörer ans Ohr und horchte. Er hörte nichts. Dann hörte er, wie ein Mann sich räusperte. Dann hörte er, wie Vera am anderen Telefon den Hörer abnahm. Sie rief: »Okay, Burt! Ich hab's jetzt, Burt!«

Er legte den Hörer auf und stand da und starrte darauf. Er zog die Besteckschublade auf und schob Dinge darin hin und her. Er zog eine andere Schublade auf. Er blickte ins Spülbecken. Er ging ins Esszimmer und nahm das Tranchiermesser. Er hielt es unter heißes Wasser, bis das Fett Risse bekam und ablief. Er wischte die Klinge an seinem Ärmel ab. Er ging zum Telefon, schlang die Leitung um seine Hand und säbelte sie ohne Mühe durch. Er sah die beiden Enden der Leitung prüfend an. Dann schob er das Telefon wieder in die Ecke hinter dem Bratentopf.

Sie kam in die Küche. Sie sagte:»Die Leitung war plötzlich tot. Hast du was mit dem Telefon gemacht?« Sie sah nach dem Telefon, und dann nahm sie es von der Arbeitsfläche.

»Du Scheißkerl!«, schrie sie. Sie schrie:»Raus, raus mit dir, geh zum Teufel!« Sie schüttelte das Telefon vor ihm.»Jetzt reicht's! Ich beantrage jetzt eine einstweilige Verfügung, ja, das mache ich!«

Das Telefon machte ding, als sie es auf die Arbeitsfläche knallte.

»Ich geh nach nebenan und ruf die Polizei, wenn du hier nicht auf der Stelle verschwindest!«

Er nahm den Aschenbecher in die Hand. Er hielt ihn am Rand. Er posierte damit wie ein Mann, der im Begriff ist, Diskus zu werfen.

»Bitte«, sagte sie.»Das ist unser Aschenbecher.«

Er ging durch die Terrassentür hinaus. Er war sich nicht sicher, aber er glaubte, dass er etwas bewiesen hatte. Er hoffte, dass er etwas klargemacht hatte. Die Sache war die, dass sie bald ein ernstes Gespräch führen mussten. Es gab einiges zu besprechen, wichtige Dinge, die diskutiert werden mussten. Sie würden wieder miteinander reden. Vielleicht wenn die Feiertage vorbei waren und alles wieder seinen normalen Gang ging. Er würde ihr sagen, dass der gottverdammte Aschenbecher ein gottverdammter Teller war. Zum Beispiel. In der Einfahrt machte er einen Bogen um die Torte und stieg wieder in sein Auto. Er ließ den Motor an und schaltete in den Rückwärtsgang. Es war gar nicht so leicht zu lenken, bis er den Aschenbecher aus der Hand legte.

Krippe und Kreuz*

Edith Stein

„Nicht alle sind guten Willens." – Der Text von Edith Stein aus einem Vortrag vom Jänner 1931 ist geprägt von großer Radikalität. Bereits 1933 warnte die hellsichtige Philosophin Papst Pius XI. davor, „dem Rassenhass verbrecherischer Elemente" in Deutschland mit einem verhängnisvollen Schweigen zu begegnen. Das Kind in der Krippe fordert mitten in der Nacht der Verblendung zur Entscheidung für das Licht. „Die Sünde bekämpfen, aber noch im Tode für den Mörder vor Gott einzutreten" – diesen harten Weg ist Edith Stein konsequent bis zum Tod in den Gaskammern von Auschwitz gegangen. Ihr letzter überlieferter Satz „Komm, wir gehen für unser Volk!" zeugt nicht nur von ihrer Solidarität mit dem jüdischen Volk, sondern auch von ihrer Bereitschaft zur Sühne für die Verbrechen des deutschen Volkes.

Wenn die Tage kürzer und kürzer werden, wenn in einem normalen Winter die ersten Schneeflocken fallen, dann tauchen scheu und leise die ersten Weihnachtsgedanken auf. Und von dem bloßen Wort geht ein Zauber aus, dem sich kaum irgendein Herz entziehen kann. Selbst die Andersgläubigen und Ungläubigen, denen die alte Geschichte vom Kinde zu Bethlehem nichts bedeutet, rüsten für das Fest und überlegen, wie sie da und dort einen Strahl der Freude entzünden können. Es geht wie ein warmer Strom der Liebe über die ganze Erde schon um Wochen und Monate voraus. Ein Fest der Liebe und Freude – das ist der Stern, auf den alle in den ersten Wintermonaten zugehen. Für den Christen und besonders für den katholischen Christen ist es noch etwas anderes. Ihn führt der Stern zur Krippe mit dem Kindlein, das den Frieden auf Erden bringt. In zahllosen lieblichen Bildern stellt es uns die christliche Kunst vor die Augen; alte Weisen, aus denen der ganze Zauber der Kindheit klingt, singen uns davon.

Solches Weihnachtsglück hat wohl jeder von uns schon erlebt. Aber noch sind Himmel und Erde nicht eins geworden. Der Stern von Bethlehem ist ein Stern in dunkler Nacht, auch heute noch. Schon am zweiten Tag (des Weihnachtsfestes) legt die Kirche die weißen Festgewänder ab und kleidet sich in die Farbe des Blutes und am vierten Tag in das Violett der Trauer: Stephanus, der Erzmärtyrer, der als Erster dem Herrn im Tode nachfolgte, und die Unschuldigen Kinder, die Säuglinge von Bethlehem und Juda, die von rohen Henkershänden grausam hingeschlachtet wurden, sie stehen als Gefolge um das Kind in der Krippe. Was will das sagen? Wo ist nun der Jubel der himmlischen Heerscharen, wo die Stille der Seligkeit der Heiligen Nacht? Wo ist der Friede auf Erden? Friede auf Erden denen, die guten Willens sind. Aber nicht alle sind guten Willens. Darum musste der Sohn des Ewigen Vaters aus der Herrlichkeit des Himmels herabsteigen, weil das Geheimnis der Bosheit die Erde in Nacht gehüllt hatte.

Finsternis bedeckte die Erde, und er kam als Licht, das in der Finsternis leuchtet, aber die Finsternis hat ihn nicht begriffen. Die ihn aufnahmen, denen brachte er das Licht und den Frieden; den Frieden mit dem Vater im Himmel, den Frieden mit allen, die gleich ihnen Kinder des Lichts und Kinder des Vaters im Himmel sind, und den tiefen inneren Herzensfrieden; aber nicht den Frieden mit den Kindern der Finsternis. Ihnen bringt der Friedensfürst nicht den Frieden, sondern das Schwert. Ihnen ist er der Stein des Anstoßes, gegen den sie anrennen und an dem sie zerschellen. Das ist eine schwere und ernste Wahrheit, die wir uns durch den poetischen Zauber des Kindes in der Krippe nicht verdecken lassen dürfen.

Das Geheimnis der Menschwerdung und das Geheimnis der Bosheit gehören eng zusammen. Gegen das Licht, das vom Himmel herabgekommen ist, sticht die Nacht der Sünde umso schwärzer und unheimlicher ab. Das Kind in der Krippe streckt die Hände aus und sein Lächeln scheint schon zu sagen, was später die Lippen des Mannes gesprochen haben: „Kommt her zu mir alle, die ihr mühselig und beladen seid." Und die seinem Ruf folgen, die armen Hirten, denen auf den Fluren von Bethlehem der Lichtglanz des Himmels und die Stimme des Engels die frohe Botschaft verkündeten und die darauf ihr „Lasset uns nach Bethlehem gehen" sprachen und sich auf den Weg machten, die Könige, die aus fernem Morgenlande im gleichen schlichten Glauben dem wunderbaren Stern folgten, ihnen floss von den Kinderhänden der Tau der Gnade zu und „sie freuten sich mit großer Freude".

Diese Hände geben und fordern zugleich: Ihr Weisen, legt eure Weisheit nieder und werdet einfältig wie die Kinder; ihr Könige, gebt eure Kronen und eure Schätze und beugt euch in Demut vor dem König der Könige; nehmt ohne Zögern die Mühen und Leiden und Beschwerden auf euch, die sein Dienst erfordert. Ihr Kinder, die ihr noch nicht freiwillig geben könnt, euch nehmen die Kinderhände euer zartes Leben, ehe es noch recht begonnen hat: Es kann nicht besser angewendet werden, als aufgeopfert zu werden für den Herrn des Lebens. „Folge mir", so sprachen die Kinderhände, wie später die Lippen des Mannes gesprochen haben. So sprachen sie zu dem Jünger, den der Herr lieb hatte und der nun auch zu der Gefolgschaft an der Krippe gehört. Und der heilige Johannes folgte, ohne zu fragen: Wohin? und Wozu? Er verließ des Vaters Schiff und ging dem Herrn nach auf allen seinen Wegen bis hinauf nach Golgotha.

„Folge mir" – das vernahm auch der Jüngling Stephanus. Er folgte dem Herrn zum Kampf gegen die Mächte der Finsternis, die Verblendung des hartnäckigen Unglaubens; er legte Zeugnis für ihn ab mit seinem Wort und seinem Blut; er folgte ihm auch in seinem Geist, dem Geist der Liebe, der die Sünde bekämpft, aber den Sünder liebt und noch im Tode für den Mörder vor Gott eintritt.

Lichtgestalten sind es, die um die Krippe knien: die zarten Unschuldigen Kinder, die treuherzigen Hirten, die demütigen Könige, Stephanus, der begeisterte Jünger, und der Liebesapostel Johannes; sie alle folgen dem Ruf des Herrn. Ihnen gegenüber steht die Nacht der unbegreiflichen Verhärtung und Verblendung: die Schriftgelehrten, die Auskunft geben können über Zeit und Ort, da der Heiland der Welt geboren werden soll, die aber kein „Lasst uns nach Bethlehem gehen!" daraus ableiten; der König Herodes, der den Herrn des Lebens töten will. Vor dem Kind in der Krippe scheiden sich die Geister. Er ist der König der Könige und der Herr über Leben und Tod. Er spricht sein „Folge mir", und wer nicht für ihn ist, ist wider ihn. Er spricht es auch für uns und stellt uns vor die Entscheidung zwischen Licht und Finsternis.

Die Legende von der Verzweiflung

Werner Reiser

Als Jesus in der Krippe lag, drängte sich unter den vielen Menschen, die ihn sehen wollten, auch eine düstere Gestalt hinzu. Alle, die sie sahen, wichen erschrocken zurück und bedeckten ihre Augen. Sie kannten sie aus ihren schmerzlichsten Stunden und hatten ihretwegen schon viel gelitten. Es war die Verzweiflung. Niemand hatte erwartet, dass gerade sie an den Anfang dieses hoffnungsvollen Lebens treten würde. Doch keiner wagte es, sie zurückzuweisen. Niemand wollte an ihren schwarzen Mantel rühren. So schritt sie ungehindert zur Krippe und beugte sich über sie. Entsetzt hielt Maria abwehrend die Hände über das Kind. Aber die Verzweiflung schaute nur stumm auf das Kind und sprach dann: „Wir werden uns wiedersehen." Dann wandte sie sich um und ging.

Sogleich drängten alle zur Krippe, damit sie mit ihren Gesichtern den Eindruck dieses anderen Gesichts verscheuchen könnten. Es war aber, als ob das Kind durch sie alle hindurch auf etwas anderes schauen würde.

Dreißig Jahre später wanderte Jesus durch das Land. Wo er hinkam, sah er kranke, abgekämpfte, schuldbeladene und mutlose Menschen. Er fühlte Erbarmen mit ihnen und fing an, ihnen zu helfen. Er heilte Kranke, er stärkte die Müden, er vergab den Schuldbeladenen und ermunterte die Hoffnungslosen. Es war, wie wenn eine neue Luft sie umweht hätte. Und alle begannen wieder aufzuatmen.

Als er eines Tages wieder von einer großen Volksmenge umgeben war, schob sich eine düstere Gestalt dazwischen. Sie trug einen durchlöcherten Mantel und drängte mit spitzen Händen die Menschen zur Seite, bis sie vor ihm stand. Da erkannten die Menschen sie. Einige wollten fliehen, einige wollten Jesus wegziehen. Er aber blieb stehen und schaute sie ruhig an.

Sie sprach: „Warum greifst du in mein Reich ein und störst meine Herrschaft?"

Er antwortete: „Es ist dir keine Herrschaft über die Menschen gegeben. Sie gehören Gott und seiner Liebe."

Da lachte die Verzweiflung und sprach: „Du hast meinen Mantel durchlöchert, du hast ihn aber nicht zerrissen. Dir aber werde ich alles entreißen. Wir werden uns bald wiedersehen." Dann wandte sie sich um und ging.

Sogleich drängten sich alle zu Jesus und berührten ihn von allen Seiten. Er aber sah in ihre Gesichter und erkannte, dass er den Menschen gegen die Verzweiflung beistehen musste, solange er lebte. So trug er Tag und Nacht ihr Bild in sich.

Und es kam die Nacht, in der er verraten wurde. Aus der Schar derer, die auf ihn zukamen, löste sich eine Gestalt, trat auf ihn zu und sagte mit erstickter Stimme: „Rabbi!", und küsste ihn.

Als Jesus von den Lippen Judas berührt wurde, spürte er, dass von ihnen etwas auf ihn übergegangen und an seinen Lippen haften geblieben war. Judas hatte ihn mit seiner Verzweiflung angesteckt. Kein Mensch konnte ihn mehr davon befreien. Da verließen ihn alle und flohen. Nur die Verzweiflung ging mit ihm.

Als er in seiner bittersten Stunde allein war, wollte er zu Gott schreien. Aber nichts kam von seinen Lippen, als was darauf lag, der verzweifelte Ruf: „Mein Gott, mein Gott, warum hast du mich verlassen!" Und er starb.

Da lachte die Verzweiflung laut auf. Sie hatte gewonnen. Sie erhob sich triumphierend bis zur Sonne und verdunkelte sie und ließ sich tief unter die Erde fallen bis ins Totenreich. So trat sie ihre Herrschaft über alle an.

Der „Große Gott von Altenstadt", romanische Kreuzigungsgruppe in der Basilika St. Michael in Altenstadt, Oberbayern (13. Jh.).

Aber als sie zuunterst im Tod und im Nichts angekommen war, hörte sie aus der Tiefe einen Schrei. „Mein Gott, mein Gott, warum hast du mich verlassen!"

Am untersten Rand der Verzweiflung lag der Gekreuzigte und füllte mit seinem Schrei nach Gott das tiefste Elend aus. Seither hat die Verzweiflung keinen letzten Ort mehr. Sie irrt in der Welt umher und vermag wohl überall und immer Menschen zu schlagen und niederzuwerfen. Aber sie vermag es nicht mehr, Gott von den Menschen zu trennen.

Bethlehemitische Legende

Christine Busta

Nur langsam gewöhnte er sich wieder an die dunkle Stille der Nacht im Stall. Erloschen war das Lächeln der sanften Frau, der Schimmer des holden Kindes und der warme Schein aus der Laterne des fürsorglichen Mannes, verhallt der Hufschlag des vertraut gewordenen Gefährten, verstummt das wunderbare Singen in den Lüften, vergangen der Schafgeruch der frohbewegten Hirten, entschwunden der fremde Duft der feierlichen Herren. Geblieben war die alte Verlassenheit der Kreatur und eine wache Trauer, die nicht mehr heimfand in den dumpfen Schlaf. Im Stroh pfiff wiederum die Maus, und durch die Ritzen der Wände zwängte sich kalt die Angst.

Dann schlugen jäh die Hunde an im Städtchen, und Fackelschein sprang bös von Haus zu Haus, und Äxte dröhnten splitternd an die Tore, und harte Schritte klirrten durch die Gassen, und Schreie gellten, irre, nie gehörte, Flucht und Verfolgung wälzten sich vorüber, gurgelnde Laute klatschten auf das Pflaster, verröchelten, und wie der Lärm entsprungen, verrann er plötzlich wieder in die Häuser und sickerte als unstillbares Wimmern in die erstarrte Finsternis.

Vergeblich hatte der Ochse an seiner Kette gezerrt, bis er zusammenbrach und seine jochgewohnte Stirn ans Holz der leeren Krippe stieß, an der in den vergangenen Nächten sein Atem frei geworden war zu weiser Wohltat und innigem Dienst aus Leidverbundenheit der Kreatur. Und von dem harten Anprall drang ihm ein nie gefühlter Schmerz in seine Ohnmacht, dass seine Tierheit sich löste und mit einem neuen Wesen sich erfüllte und er sich wiederum erhob mit einem Brüllen, davon die Tür des Stalles von selber aufsprang und die Schmach der Kette von seinem Halse glitt wie eine lahme Schlange, die ihn für immer freigab.

Er brüllte noch, als er der schrecklichen Witterung folgend die Gassen hinlief nach den ersten Häusern, vor denen sich der Dunst des Unheils verdichtete. Die Weiber hatten schon von weitem die herzerschütternde Stimme vernommen, aus der nicht mehr ein Tier, aus der die eigene Klage nach einem Sinn des heillos Unbegreiflichen zu den verheißenen Himmeln schrie, sie ließen lauschend ab von ihrem Wimmern, als könnten sie den Wehlaut nun einem Stärkeren vertrauen. Die Männer befürchteten nur neues Schrecknis und suchten knirschend nach dunkleren Verstecken für die zitternden Häuflein der verschont gebliebenen Kinder und nach irgendeiner Wehr der Waffenlosen gegen erneuten Überfall. Sie konnten die Mütter nicht mehr halten, deren Verzweiflung schon jenseits der Furcht war. Aus allen Türen drängten sie, den Eingang mit ihren Leibern zu decken, an die sie noch immer die kleinen Leichen der Erstgemordeten pressten, als wären sie noch einmal mit ihnen geheimnisvoll verbunden für eine andere Geburt.

Sie warteten, gelehnt an die erbrochenen Häuser und unberührbar geworden den eigenen Männern. Riesig stob der Brüllende heran und hielt verstummend vor der Jüngsten inne mit sanftem, trauervollem Blick, aus dem ein Trost hervorbrach, den keine irdische Liebe erschlossen hatte und den auch kein Schrecken dieser Welt wieder verschütten konnte. Mit einer Gebärde kindlichen Vertrauens begann das Weib sein Brusttuch aufzuknoten und zeigte dem Tier ein zartbeflaumtes Köpfchen, das grässlich baumelnd an einem durchgeschnittenen Hals herabhing. Da schob der Ochse behutsam sein schöngehörntes Haupt über den Säugling und schnob die Wärme seines starken Atems über den starr gewordenen Leib. Der Mutter war, als schlösse sich die klaffende Wunde und duckte sich das Köpfchen mit einem kleinen Schlaflaut enger an ihre Brust, und sie

Den Wohnsitz Gottes retten

Ernst Ritter

„Der Fromme von morgen wird ein ‚Mystiker' sein, einer, der etwas ‚erfahren' hat, oder er wird nicht mehr sein …" Mit diesem vielzitierten Satz hat Karl Rahner nüchtern vorweggenommen, was heute manche Gottsucher in kirchlich bisweilen winterlich anmutender Zeit als Ausweg im „Ausbruch nach Innen" (Christine Busta) erfahren. Viele Menschen suchen in unseren Tagen nach Wegen der Gotteserfahrung.

Im Folgenden möchte ich einige Grundworte beschreiben, die manchem eine Hilfe sein mögen, dort, wo er ist, ein Stück Offenheit für die verborgene Gegenwart Gottes einzuüben. Gotteserfahrung bleibt Geschenk, sie ist nicht machbar. Die Grundworte erzählen jedoch von einer Lebenshaltung, die durchlässig geworden ist für die Gegenwart Gottes in allem. Die Auswahl der Worte folgt dabei den angeführten Textfragmenten aus der Literatur. Sie dienen der Erfahrung als sprachliche Form, die allerdings nicht vollständig ist und daher bruchstückhaft bleibt.

Was in einer solchen Lebenshaltung erfahrbar werden kann, klingt in einer Tagebuchaufzeichnung von Etty Hillesum, einer jüdischen Gottsucherin, an, die 29-jährig in Auschwitz zu Tode kam:

„Ich will dir helfen, Gott, dass du mich nicht verlässt, aber ich kann mich von vornherein für nichts verbürgen. Nur dies eine wird mir immer deutlicher: dass du uns nicht helfen kannst, sondern dass wir dir helfen müssen, und dadurch helfen wir uns letzten Endes selbst. Es ist das Einzige, auf das es ankommt: ein Stück von dir in uns selbst zu retten, Gott. Und vielleicht können wir mithelfen, dich in den gequälten Herzen der anderen Menschen auferstehen zu lassen. Ja, mein Gott, an den Umständen scheinst auch du nicht viel ändern zu können, sie gehören nun mal zu diesem Leben. Ich fordere keine Rechenschaft von dir, du wirst uns später zur Rechenschaft ziehen. Und mit fast jedem Herzschlag wird mir klarer, dass du uns nicht helfen kannst, sondern dass wir dir helfen müssen und deinen Wohnsitz in unserem Inneren bis zum Letzten verteidigen müssen."

Ausgehend von einem Gedicht von Rainer Maria Rilke möchte ich nun mögliche Grundworte entfalten, die helfen können, die „Wohnstatt Gottes in unserem Inneren zu retten".

Stiller Freund der vielen Fernen, fühle,
wie dein Atem noch den Raum vermehrt.
Im Gebälk der finstern Glockenstühle
lass dich läuten. Das, was an dir zehrt,

wird ein Starkes über dieser Nahrung.
Geh in der Verwandlung aus und ein.
Was ist deine leidendste Erfahrung?
Ist dir Trinken bitter, werde Wein.

Sei in dieser Nacht aus Übermaß
Zauberkraft am Kreuzweg deiner Sinne,
ihrer seltsamen Begegnung Sinn.

Und wenn dich das Irdische vergaß,
zu der stillen Erde sag: Ich rinne.
Zu dem raschen Wasser sprich: Ich bin.

Stiller Freund der vielen Fernen, fühle … – eine Spur in die Erfahrung der Gegenwart Gottes ist die Wahrnehmung. Davon erzählt die dokumentierte Erfahrung mancher Heiliger, die sich auf den mystischen Weg des stillen und unmittelbaren Daseins vor Gott eingelassen haben. Die Wahrnehmung führt in die innere Achtsamkeit. In der Aufmerksamkeit für das, was da ist, wird der Augenblick je neu transparent für das Jetzt. Das Jetzt aber ist nach Martin Buber „der Mantel Gottes".

Im Gebälk der finstern Glockenstühle, lass dich läuten – eine weitere Grundhaltung, die es auf diesem Weg, den Wohnsitz Gottes in seinem Inneren zu retten, zu erlernen gilt, ist das Lassen. Denn die Kunst des Liebens ist das Lassen. Im Lassen, im Loslassen von Bindungen und Abhängigkeiten jeglicher Art eröffnet sich der Zugang zur Wirklichkeit, wie sie ist. Die Führung Gottes im Leben wird im bewussten Geschehenlassen der Wirklichkeit, wie sie ist, erfahrbar. Oder, wie es bei Rilke heißt: „Lass dir alles geschehn: Schönheit und Schrecken. Man muss nur gehen: Kein Gefühl ist das fernste."
  Die Umstände meines Lebens verändern sich ständig. Wir sind ein Leben lang nicht fertig mit dem Leben. Und solange wir leben, ist das Leben nicht fertig mit uns. Die Umstände des Lebens wechseln, aber der Wohnsitz Gottes in mir bleibt, er ist immer da. Auch inmitten aller Bedrängnis und Sorge. Noch einmal Etty Hillesum:

„Sorget Euch also nicht um den morgigen Tag, denn der morgige Tag wird für sich selber sorgen. Jeder Tag hat genug an seiner eigenen Plage (Mt 6,34). Man muss sie täglich bekämpfen wie Flöhe, die vielen kleinen Sorgen um die kommenden Tage, die an den besten Kräften im Menschen nagen. Man versucht in Gedanken Vorkehrungen für die kommenden Tage zu treffen – und dann kommt alles anders, ganz anders. Jeder Tag hat genug an seiner eigenen Plage. Die Dinge, die getan werden müssen, muss man tun und sich im Übrigen nicht von den vielen kleinen Ängsten und Sorgen

anstecken lassen, die ebenso viele Anzeichen von Misstrauen gegen Gott sind."

Geh in der Verwandlung aus und ein – dort, wo ein Mensch inmitten seiner Lebensumstände die Offenheit für die Gegenwart Gottes in seinem Leben einübt, ereignet sich Wandlung. Verwandlung aber geschieht nicht aus eigener Kraft. Verwandlung ist niemals machbar. Verwandlung ist nicht kalkulierbar, sie ereignet sich jenseits menschlicher Logik und meist ganz anders, als wir es erwarten. Meine Aufgabe besteht darin, mein Herz mit allem, was in mir ist, mit allem, was sich in mir nach Erlösung sehnt, in die Gegenwart Gottes hineinzuhalten.

Wolle die Wandlung. O sei für die Flamme begeistert,
drin sich ein Ding dir entzieht, das mit Verwandlungen prunkt;

Was sich ins Bleiben verschließt, schon ist's das Erstarrte;
wähnt es sich sicher im Schutz des unscheinbaren Grau's?
Warte, ein Härtestes warnt aus der Ferne das Harte.
Wehe – : abwesender Hammer holt aus!

Was ist deine leidendste Erfahrung? – Wer die Erfahrung der Gegenwart Gottes sucht, begegnet unweigerlich seiner eigenen Wahrheit. Zu dieser gehört auch all das, was in mir an Ungelöstem ist. Es braucht bisweilen viel Geduld gegen das Ungelöste in meinem Herzen. Doch die Geduld gegen das Ungelöste im eigenen Herzen reift zum Respekt gegenüber Ungelöstem in den Herzen anderer Menschen. Uralte, nicht heilende Verwundungen und Abgründe gehören mit zu dem, was mich von der Liebe, die Gott mir ins Herz gelegt hat, trennt. Die Verbindung mit dem, was sich in mir nach Erlösung sehnt – mein innerer Schmerz –, hält die Sehnsucht wach.

Ernst Barlach, Ruhe auf der Flucht, 1921.

Die Sehnsucht weiß um den Heimweg in die Wohnstatt Gottes, die sich in jedem Menschenherzen finden lässt. Von der Hoffnung auf den Durchbruch zu dieser Heimat erzählt ein Gedicht von Hilde Domin:

Wir werden eingetaucht
und mit dem Wasser der Sintflut gewaschen,
wir werden durchnässt
bis auf die Herzhaut.

Der Wunsch nach der Landschaft
diesseits der Tränengrenze
taugt nicht ...

Es taugt die Bitte,
... dass wir aus der Flut,
dass wir aus der Löwengrube und dem feurigen Ofen
immer versehrter und immer heiler
stets von neuem
zu uns selbst
entlassen werden.

Sei in dieser Nacht aus Übermaß – der Weg in das Land der Verheißung führt durch die Wüste. Der Sinn ist verborgen. Er verbirgt sich, damit wir immer wieder aufbrechen, ihn zu suchen. In dunklen und trockenen Lebensabschnitten heißt es von dem leben zu lernen, was auf dem Weg liegt. Und bisweilen ist es die unerfüllte Sehnsucht, die uns auf unscheinbare Weise zum Mut wird, auf dem Weg zu bleiben, auch dort, wo gar kein Weg sichtbar ist: „Du bist das Wunder in den Wüsten, das Ausgewanderten geschieht", heißt es andernorts bei Rilke.

Zu dem raschen Wasser sprich: Ich bin – das Leben ist im Fluss. Engagement, Einsatz für das, was ich einmal als wahr und richtig erkannt habe, und Achtsamkeit für das Heilige, das allem inwendig ist, sind keine einander ausschließenden Wirklichkeiten. Sie leben aus derselben Gegenwart. Und zum Wesen dieser Gegenwart gehört wesentlich, dass sie keine Grenzen mehr zieht.

Eine Innerlichkeit, die nicht mehr realitätsbezogen ist, verliert den Boden unter den Füßen. Ein Engagement, das nicht mehr aus dem Vertrauen auf das, was in mir ist, lebt, verliert früher oder später sein Herz. Geistliches Leben steht immer in der Spannung von Aktion und Kontemplation. Aus der Spannung erst kommt die Bewegung. Pater Nadal, den Ignatius von Loyola selbst den besten Deuter seiner Spiritualität nennt, bezeichnet einen Menschen, der in dieser ausgewogenen Spannung von Aktion und Kontemplation lebt, als „contemplativus in actione". Dieser Deutung folgend, ist es die innere Freiheit des Herzens, die entscheidend ist und die in allem Tun und Lassen zur ständigen Verbundenheit mit der Gegenwart Gottes in allem führt.

Literaturhinweis: Etty Hillesum, Das denkende Herz. Die Tagebücher von Etty Hillesum 1941-1943, Rowohlt-Taschenbuch, 1985.

7
Denn jede Brücke hat ihren Engel

Woher die Brücken kommen*

Ivo Andrić

„Der Hodscha weiß besser, was die Brücke ist", warf der andere
Gast ein und erinnerte boshaft an Alihodschas einstiges Missge-
schick auf der Kapija.

„Freilich weiß ich es", sagte der Hodscha voller Überzeugung
und begann, schon völlig beruhigt, eine seiner Geschichten zu erzählen, über die die Leute lächelten und die sie doch immer wieder
gern hörten.

„Mein verstorbener Vater hat einmal von Schech Dedija gehört
und mir als kleinem Jungen weitererzählt: woher die Brücken auf
dieser Welt kommen und wie die erste Brücke entstand. Als Allah
der Allmächtige, sein Name sei gelobt, diese Welt geschaffen hatte, da war die Erde eben und glatt wie die schönste gravierte Platte.
Das ärgerte den Teufel, der den Menschen dieses Gottesgeschenk
neidete. Und solange die Erde noch so war, wie sie aus Gottes Händen hervorgegangen, feucht und weich wie ein ungebranntes Ge-
fäß, da schlich er sich hinzu und zerkratzte mit seinen Nägeln das
Gesicht von Gottes Erde, so viel und so tief er konnte. So sind, wie
die Geschichte erzählt, die tiefen Flüsse und Abgründe entstanden,
die eine Gegend von der anderen trennen und die Menschen von-
einander absondern und sie hindern, auf der Erde zu reisen, die ihnen Gott als Garten zu ihrer Ernährung und Erhaltung gegeben hat.
Allah tat es leid, als er sah, was dieser Verfluchte getan, aber da er
nicht von neuem an die Arbeit gehen konnte, die der Teufel mit seiner Hand verunreinigt hatte, da schickte er seine Engel aus, dass sie
den Menschen hülfen und es ihnen leichter machten. Als die Engel
sahen, wie die armen Menschen diese Abgründe und Tiefen nicht

überschreiten und ihren Geschäften nachgehen konnten, sondern sich quälten und vergeblich einander von einem Ufer zum andern anschauten und sich zuriefen, da breiteten sie an diesen Stellen ihre Flügel aus, und die Leute begannen, über diese Flügel hinwegzugehen. So lernten die Menschen von den Engeln Gottes, wie man Brücken baut. Nun, daher gilt es, nach einem Brunnen, als das zweitgrößte Werk, eine Brücke zu bauen, und die größte Sünde, Hand an sie zu legen, denn jede Brücke, von jenem Steg über den Gebirgsbach bis zu diesem Bauwerk Mehmed Paschas, hat ihren Engel, der sie schützt und hält, solange es ihr von Gott beschieden ist zu stehen."

„Schön, bei Gott!", bewunderten höflich die beiden.

Neujahrssegen

Klaus-Peter Hertzsch

Die neuen Tage öffnen ihre Türen.
Sie können, was die alten nicht gekonnt.
Vor uns die Wege, die ins Weite führen:
den ersten Schritt. Ins Land. Zum Horizont.

Wir wissen nicht, ob wir ans Ziel gelangen.
Doch gehen wir los. Doch reiht sich Schritt an Schritt.
Und wir verstehn zuletzt: das Ziel ist mitgegangen;
denn der den Weg beschließt und der ihn angefangen,
der Herr der Zeit geht alle Tage mit.

Für jeden Tag*

Aus dem Sufismus

Schreibe das Unrecht,
das man dir antut,
in den Sand,
doch schreibe das Gute,
das dir widerfährt,
auf marmorne Tafeln.
Lass alle Gefühle wie Groll
und den Wunsch nach Vergeltung fahren,
sie schwächen dich nur,
doch halte fest an Gefühlen
wie Dankbarkeit und Freude,
die dich stärken.

Ich bin vergnügt, erlöst, befreit

Hanns Dieter Hüsch

Ich bin vergnügt, erlöst, befreit,
Gott nahm in seine Hände meine Zeit,
mein Fühlen, Denken, Hören, Sagen
mein Triumphieren, mein Verzagen,
das Elend und die Zärtlichkeit.

Was macht, dass ich so fröhlich bin
in meinem kleinen Reich.
Ich sing und tanze her und hin
vom Kindbett bis zur Leich.
Was macht, dass ich so furchtlos bin
an vielen dunklen Tagen?
Es kommt ein Geist in meinen Sinn,
will mich durchs Leben tragen.
Was macht, dass ich so unbeschwert
und mich kein Trübsinn hält?
Weil mich mein Gott das Lachen lehrt
wohl über alle Welt.

Ich bin vergnügt, erlöst, befreit,
Gott nahm in seine Hände meine Zeit,
mein Fühlen, Denken, Hören, Sagen
mein Triumphieren und Verzagen,
das Elend und die Zärtlichkeit.

8
Und die Stimme der Gottheit geht so

Es riecht nach Schnee

Christine Lavant

Es riecht nach Schnee, der Sonnenapfel hängt
so schön und rot vor meiner Fensterscheibe;
wenn ich das Fieber jetzt aus mir vertreibe,
wird es ein Wiesel, das der Nachbar fängt,
und niemand wärmt dann meine kalten Finger.
Durchs Dorf gehn heute wohl die Sternensinger
und kommen sicher auch zu meinen Schwestern.
Ein wenig bin ich trauriger als gestern,
doch lange nicht genug, um fromm zu sein.
Den Apfel nähme ich wohl gern herein
und möchte heimlich an der Schale riechen,
bloß um zu wissen, wie der Himmel schmeckt.
Das Wiesel duckt sich wild und aufgeschreckt
und wird vielleicht nun doch zum Nachbar kriechen,
weil sich mein Herz so eng zusammenzieht.
Ich weiß nicht, ob der Himmel niederkniet,
wenn man zu schwach ist, um hinaufzukommen?
Den Apfel hat schon jemand weggenommen …
Doch eigentlich ist meine Stube gut
und wohl viel wärmer als ein Baum voll Schnee.
Mir tut auch nur der halbe Schädel weh
und außerdem geht jetzt in meinem Blut
der Schlaf mit einer Blume auf und nieder
und singt für mich allein die Sternenlieder.

Hölderlin an Susette Gontard

Erich Fried

Am Kreuzweg wohnt
und dicht am Abgrund die Halbheit
und gibt uns Rätsel auf. Wer aber muss
fallen?
Wir oder sie?
Da kann unser eigenes Wort uns
unten zerschmettern
oder uns hier ergänzen

Kein leicht zu sagendes.
Nämlich nur unser Leben
ist dieses Wortes Mund. Wo er sich auftut
kann seiner Stimme Strenge gütiger sein
als jene lautlose Milde die liebevoll
dich dich dich
und dich und mich und uns beide
vorüberführen will an der eigenen Antwort

Nah ist und leicht zu lieben
die Lüge
und trägt einen bunten Rock
aus vielen Farben.
An uns aber liegt es dass wir
nicht verlieren die Farbe unserer Würde

dass wir nicht aufgeben
das Unteilbare:
unser eines angeborenes Recht

Nämlich der es nicht hütet
der büßt es ein
denn leicht färbt ab auf uns
auf dich sogar und auf mich
bis in die Herzen die Rostschicht
die unsere Schwächen verdeckt
die zähe falsche Haut
aus Staub und aus welken Blättern
des Vorsichhintuns

Ein Wort aber könnte sein
das risse sie weg
das führte aus jedem Verstohlensein deine Wahrheit
zurück in ihr Eigentum
das immer noch *du* bist

Sonst brächte kein Hauch mehr
kein Wind von den Gipfeln der Zeit
dir Linderung
und keine Ahnung des Seins
von dem was sein *könnte*
schenkte die Wahrheit dir wieder:
Nur sie kann *du* sein

Denn das meiste
ertrotzt sich der Mensch nur mit Schmerzen
Auch du bestehst nicht quallos
im Gegenwind deiner Zeit
Doch wenn *du*
nicht mehr *du* sein wolltest
wenn *du* nicht länger
stündest zu dir
die du bist
und auch nicht länger
zu deiner Freiheit
und nicht mehr
zu denen die in dir wohnen
den Richtungen deines
eigenen Bildes …
was
dann
zwischen den Trümmern
bliebe von dir
und von einem
der dich kennt und
dich liebt?

Der König mit den leeren Händen

Bruno Dörig

Es geschah vor Jahren im Außenquartier einer größeren Stadt. Ein paar jüngere Leute hatten die Absicht, die Weihnachtsgeschichte zu spielen. Einer dramatisierte die Erzählung. Jung und Alt probten eifrig. Kulissen wurden gemalt. Frauen nähten Kostüme. Am Vorabend der ersten Aufführung stellte man aber bestürzt fest, dass die Drei Könige fehlten. Man hatte die Rollen einfach vergessen. Aber darin waren sich die Spieler schnell einig: Auf diese wollte man nicht verzichten! Die Drei Könige gehören zum Weihnachtsspiel. Aber was tun? Der Spielleiter hatte eine Idee. Er wollte jetzt gleich drei Leute aus dem Quartier telefonisch anfragen, ob sie bereit waren, als „König" einzuspringen. Sie sollten einfach einen Gegenstand mitbringen, der ihnen etwas bedeutet, als Geschenk für das Christkind. Und dazu sollten sie frisch von der Leber weg sagen, warum sie gerade diesen Gegenstand mitbrachten. Das war noch die beste Lösung, die in dieser misslichen Lage weiterhelfen konnte.

Der erste König war bald gefunden. Ein Mann, Mitte fünfzig, Vater von fünf Kindern, Angestellter bei der Stadtverwaltung. Er überlegte nicht lange, was er als Geschenk mitbringen wollte. Er entschied sich für Krücken, die im Abstellraum lagen. Vor einigen Jahren hatte er einen schweren Autounfall. Frontalzusammenstoß. Er lag mehrere Wochen im Spital, mit vielen Brüchen an den Beinen und im Becken. Es war eine schwere Zeit. Lange wusste der Mann nicht, ob er überhaupt wieder einmal werde gehen können. Nächtelang lag er wach im Bett und dachte über sein Leben nach. Er hatte vieles für selbstverständlich genommen. Jetzt lernte er, dankbar zu sein für das Kleine und Alltägliche. Jeder noch so kleine Fortschritt machte ihm Mut und Freude. Seine Angehörigen sagten, diese Spitalzeit habe ihn verändert. Er sei bescheidener und fröhlicher geworden. Und vor allem dankbar. Man konnte ihn geradezu einen König der Dankbarkeit nennen. Diese Lebenserfahrung wollte der Mann erzählen, wenn er im Spiel die Krücken zur Krippe bringen würde.

Der zweite König war eine Königin. Eine Frau, Mutter von zwei Kindern. Sie sagte spontan zu, denn es lockte sie, etwas ganz Ungewöhnliches zu probieren. Sie hatte lange und intensiv auf ihr Leben zurückgeblickt, als sie bis gegen Mitternacht überlegt hatte, was sie als Geschenk mitbringen sollte: Da gab es kein großes Ereignis, von dem sie berichten konnte. Es war vielmehr ein langwieriger, mühsamer Prozess, sich in die Rolle der Hausfrau und Mutter einzuleben. Sie hatte zunächst als Grafikerin in ihrem Beruf Freude und Bestätigung erfahren. Dann aber, nach der Heirat, entstand plötzlich ein großes schwarzes Loch. Sie sieht sich wie im Film, wie sie in den ersten Ehejahren freudlos mit dem Besen hantiert und irgendwo in der Wohnung herumsitzt … Dann kamen die Kinder und mit ihnen viel Freude. Sie wurde gebraucht, und das tat gut. Mit der Zeit merkte sie auch, dass man mit Selbstmitleid nicht weiterkommt. Sie entdeckte in der gegebenen Situation ihre schöpferische Kraft und gründete Bastel- und Spielgruppen. Im Glauben begriff sie: Gott will mich nicht im Haushalt verlochen. Er will mein Glück und meine Freude. Aber ich muss schon selber einen Schritt tun. Die Frau interessierte sich dann in Gesellschaft und Schule zunehmend auch für öffentliche Probleme. Sie entdeckte, dass gerade ihre alltägliche Erziehungsaufgabe letztlich von gesellschaftlicher Bedeutung ist. So, im langen Nachdenken, begriff diese Frau ihren Lebenssinn neu. Aber noch blieb die Frage, was sie als Königin mitbringen sollte. Etwa einen Besen? Oder Windeln? Sie entschied sich für etwas, das man nicht sehen kann und das doch so lebendig in ihr war wie zuvor: das Ja ihres Hochzeitstages! Das wollte sie mitbringen. Ein neues, gereiftes Ja. Ein frisches Ja zu einem Leben, das sie freiwillig gewählt hatte und das sie jetzt in einem langsamen Prozess ausschöpfen wollte.

Der dritte König war und ist ein Fall für sich. Ein junger Mann hatte zugesagt … und war dann doch nicht erschienen. Er sitzt noch immer in seinem Zimmer und weiß nicht, was er mitbringen soll. In ihm ist nur Unruhe, Suchen, Fragen, Warten, Zweifeln. Er hat nichts vorzuweisen. Seine Hände sind leer. Sein Herz ist voll Trauer und Sehnsucht nach Glück und Lebenssinn. Und wer will schon Sehnsucht und Trauer weiterschenken …

Seit kurzem allerdings beschäftigt den jungen Mann eine Frage: Wenn das Christkind doch geboren wurde, um uns etwas zu bringen, dann wäre es doch am besten, wenn unsere Hände leer und unser Herz ganz zum Empfang bereit wäre … Ob man als König nicht einfach leere Hände mitbringen könnte?

Diese Frage lässt den jungen Mann nicht mehr los. Und wer weiß, wenn in einigen Jahren wieder die Weihnachtsgeschichte gespielt wird, ist dieser Mann dabei … als König mit den leeren Händen.

Jetzt ist der heilige Tag!*

Peter Handke

*In seinem Theaterstück „Über die Dörfer" lässt Peter Handke die
Prophetin „Nova" (die Neue) auftreten. Begleitet von einem Kind,
verkündet sie am Ende des Spiels ein neues Miteinander, den Beginn des neuen Zeitalters:*

Lasst die Illusionslosen böse grinsen: Die Illusion ist die Kraft der
Vision, und die Vision ist wahr. *(Das Kind stößt den Stock auf. Alle
nehmen die Masken ab.)* Gehend, versäumt nicht die Schwellen zwischen dem einen Bereich und dem nächsten: Erst mit der Erkenntnis der Übergänge erhebt sich der Wind des anderen Raums, und
die kreisenden Raben sind keine Unglücksvögel, sondern bringen
euch Heroen die Speise. Ja, überliefert form-sehnsuchts-durch-
drungen die heile Welt – das Hohnlachen darüber ist ohne Bewusstsein. (Es hat den falschen Namen: Es sind die Krepierlaute der
Seelenkadaver.) Mephisto ist hier nicht die Hauptfigur. Die Gegen-
sprechanlage ist ohne Strom. Die Seelenfänger treten woanders auf;
und wenn euch ein Tod Angst macht, dann habt ihr ihn falsch gelesen. Die Toten sind das zusätzliche Licht – sie verwandeln euch.
Macht euch nichts aus eurer Unfähigkeit, sie anzureden: eine Silbe
genügt. Aber mehr noch gedenkt unsrer Ungeborenen, gekrümmt
in den Bäuchen – verwandelt euch. Zeugt das Friedenskind! Ja,
zieht auf die Friedenskinder – rettet eure Helden! Sie sollen bestim-
mend sagen: Krieg, lass uns in Ruhe. *(Sie steigt ein, zwei Stapfen höher, so dass sie jetzt fast als Ganze über der Mauer steht.)* Ihr Leute
von hier. Ihr seid die Zuständigen. Ihr seid weder unheimlich noch
ungeheuer, sondern unfassbar und unerschöpflich. Lasst euch nicht

mehr einreden, wir wären die Lebensunfähigen und Fruchtlosen einer End- oder Spätzeit. Weist mit Entrüstung zurück das Geleier von den Nachgeborenen. Wir sind die Ebenbürtigen. Wir hier sind so nah am Ursprung wie je, und jeder von uns ist bestimmt zum Welteroberer. Soll die Zeit des Lebens nicht die Episode des Triumphs sein? Ja, die Zeit unsres Daseins soll unsre triumphale Episode sein! Vielleicht gibt es keine Orte einer Wildnis mehr; aber das Wilde, immer Neue, ist noch immer: die Zeit. Es wird immer wieder ernst. Das blecherne Ticken der Uhren besagt nichts. Die Zeit ist jenes Vibrieren, das euch durch das verfluchte Jahrhundert hilft, und zugleich das Lichtzelt des Überdauerns. Nur die Blicklosen halten das für ein Bild. Zeit, ich habe dich! Leute von hier: Vergesst die Sehnsucht nach den vergangenen heiligen Orten und Jahren. Mit euch ist die heilige weite Welt. Jetzt ist der heilige Tag. Wirkend arbeitend, seht ihr ihn und könnt ihn fühlen. Jetzt: Das sind die Farben. Ihr seid jetzt, und ihr seid die Gültigen. Dass ihr seid, ist ein Datum. Handelt danach. Und lasst ab von dem Gegrübel, ob Gott oder Nicht-Gott: Das eine macht sterbensschwindlig, das andre tötet die Phantasie, und ohne Phantasie wird kein Material Form: Diese ist der Gott, der für alle gilt. Das Gewahrwerden und Prägen der Form heilt den Stoff! Gottlos allein, schwanken wir. Vielleicht gibt es keinen vernünftigen Glauben, aber es gibt den vernünftigen Glauben an den göttlichen *Schauder*. Es gibt den göttlichen *Eingriff*, und ihr alle kennt ihn. Es ist der Augenblick, mit dem das Drohschwarz zur Liebesfarbe wird und mit dem ihr sagen könnt und weitersagen wollt: *Ich bin es*. Ihr weint, und es weint – Ihr lacht, und es lacht. Ja, es gilt: Dem langsamen Blick, wenn dieser zugleich ein Aufblicken ist, lächeln aus den Dingen die Antlitze der Götter. (Seht das Wunder und vergesst es.) Und die Stimme der Gottheit geht so: Du kannst dich liebhaben. (Wenn ihr euch selber nicht zugeneigt seid, ist es besser, ihr seid tot.) Leute von jetzt:

Eine schwangere Muttergottes in Segenshaltung am Portal der Kirche der heiligen Maria Salome in Santiago de Compostela.

Entdeckt, entgegengehend, einander als Götter – als Raumaushalter, Raumerhalter. Wollt es, werdet es, seid es – und führt euch nicht auf als die Hunde, bei deren Anblick sofort die Phantasie erstirbt. Menschen, götterflüchtige Götter: Schafft den großen Satz. Wollet den Sprung. Seid die Götter der Wende. Alles andere führt ja zu nichts – nichts sonst führt mehr zu etwas. Es ist der Freundesdienst, durch den die Freude möglich wird, und die Freundschaft umtanzt dann den Erdkreis. Die Freude ist die einzige rechtmäßige Macht. Sie baut den durchsichtigen Turm in die Landschaft – alltäglich, verlässlich: Er will nur erobert sein. Mit dem Atem der Freude taucht im regulierten Fluss die ehemalige Insel auf! Erst wenn ihr euch freut, geht es mit rechten Dingen zu. *(Sie spricht immer langsamer. Das Kind stößt den Stock auf.)* Leute von jetzt – Menschen der Freude: Es bleibt freilich dabei, dass es in unser aller Geschichte keinen stichhaltigen Trost gibt. Wer misst? Die machthabenden Kindermörder verschwinden ungestraft im Dunkeln, und die gemeuchelten Seelen – sind die Seelen nicht unsere Kinder? – bleiben ungerächt. Die Ruhe ist nur episodisch: Die Lebenden sind die ewig Getriebenen. Was gerade noch der Anfangsbaum eines Hains war, löst sich beim nächsten Blick auf in das Nichts, und die rieselnden Brunnen stürzen um zu Barrikaden. Die Hoffnung ist der falsche Flügelschlag. Das wüste Seufzen im Vorbeigehen, links und rechts, ist nicht überhörbar. Die Freudeverderber sind überall, und der Ärgste von ihnen ist durch das geglückteste Leben nicht wegzudenken: Mit dem Schmerz aller Schmerzen biegen wir ab vom aus der Vorzeit in die Vorzeit fließenden schönen Wasser und erwarten mit fassungslosem Grausen den affenartig geschwinden Raumsturz des Todes. Nein, wir können nicht nichts sein wollen! Unter der Freudensonne gehend, schlucken wir zuinnerst die Bitterkeit. Liebe Leute von hier: Es gibt in unsrer Menschengeschichte nirgends einen stichhaltigen Trost. Die Schreie des Grauens werden sich ewig fortsetzen. Unsere Geborgenheit ist das Nirgendwo. Das einzig wirkende Beten ist die Danksagung; euer Flehen um Gnade weckt bloß die Nichtszeichen. Das Übernatürliche ist nicht zu erwarten. Aber seid ihr bei Trost nicht auch schon, wenn ihr im fließenden Wasser langsam das Blatt treiben seht? Nach dem Blindmoment des Schmerzes der Augenblick des Humors! So richtet euch auf und seht den Mann im dunklen Anzug und weißen Hemd, seht die Frau, die jenseits des Flusses auf dem Balkon in der Sonne steht. Beweist, gegen den Allesverschlinger, mit euren Mitteln, unseren menschlichen Trost! Ein Mensch, der lebt, schaut, wo noch etwas lebt. Jedem noch so flüchtigen Kuss einen Segen. Und jetzt zurück auf eure Plätze, jeder auf den seinen. Bewegt euch, in unauffälliger Langsamkeit. Folgt den Linien der Planken hier, die vor Fluchtlinien glänzen. Langsam vorangehend, formt die Schleife der Unendlichkeit. Dämonisiert den Raum, durch Wiederholung. Ruhig vom Entschluss, wird die Welt. Nur das Volk der Schöpfer, jeder auf seinem Platz, kann werden und sich freuen wie die Kinder. Euer Bett steht im Freien. Im Leeren ergeht euch den Weg. Legt euch die Laubmaske an und verstärkt das vollkommen-wirkliche Rauschen. In der Erschütterung erst seht ihr scharf. Die Form ist das Gesetz, und das Gesetz ist groß, und es richtet euch auf. Der Himmel ist groß. Das Dorf ist groß. Der ewige Friede ist möglich. Hört die Karawanenmusik. Zieht dem allesdurchdringenden, allesumfassenden, alles würdigenden Schall nach. Richtet euch auf. Ab-messend-wissend, seid himmelwärts. Seht den Pulstanz der Sonne und traut euerm kochenden Herz. Das Zittern eurer Lider ist das Zittern der Wahrheit. Lasst die Farben erblühen. Haltet euch an dieses dramatische Gedicht. Geht ewig entgegen. Geht über die Dörfer.

Sie steigt von der Leiter und kommt durch den Torbogen, mit einer Krone in der Hand. Sie tritt zum Kind und bedeutet diesem, sich in die Mulde der Steinbank zu setzen. Das Kind rückt hin. Nova setzt ihm die Krone auf. Man gruppiert sich um das Kind herum und legt sich die Laubmasken an. Die Karawanenmusik.

Das heilige Land

Ilse Aichinger

Noch einmal ein Auszug aus Ilse Aichingers Roman „Die größere Hoffnung": Das heilige Land – was für eine kühne Hoffnung für die verfolgten Judenkinder im Wien der 1940er-Jahre, für die alle Länder gesperrt waren. Nicht nur, dass die Flucht den ausgegrenzten Kindern verwehrt ist, schon die Zeit und ihr unablässiges Verrinnen macht uns zu Flüchtigen und Flüchtlingen. Wie gelingt es uns, zu bleiben? Wie fängt man das Heute?
Überall sind Grenzen, an denen Grenzwächter lauern und unversehens keimt auch im eigenen Herzen der Hass auf. Da gesellen sich drei merkwürdige Reisegefährten zu den Kindern, die nun zu echten Reiseführern werden. Kolumbus haben wir schon am Beginn dieses Buches im Gedicht von Christine Busta kennengelernt, wo es hieß: „Wie Kolumbus nach dem Steuer fassen." Auch hier stärkt Kolumbus die Bereitschaft, das heilige Land stets von Neuem zu entdecken. Vom lieben Augustin lässt sich lernen, wie man selbst noch in der Pestgrube ein Lied singt. Und der Knabe David lehrt, den Mörder im eigenen Herzen zu besiegen. Am Ende steht ein eigenartiges „Taufversprechen" und plötzlich sind alle Grenzen überwunden und selbst die Dunkelheit verliert ihren Schrecken. Doch der Eintrittspreis bleibt hoch: „Bleibt und horcht, liebt und leuchtet. Sein – das ist der Pass für die Ewigkeit."

Übermorgen wird morgen und morgen wird heute. Wie Perlen von einer gerissenen Kette rollen die Tage. Werft euch zu Boden und sucht – ihr findet sie nicht mehr. Heute wird gestern und gestern wird zu vorgestern, lasst es nicht zu! Fangt das Heute! Sorgt, dass ihr bleibt! Wie das Brausen von Flügeln ist die Zeit um eure Ohren, wie die wilde Jagd vor euren Fenstern. Jetzt und in der Stunde unseres Absterbens. Ist es nicht eingeschlossen, das Jetzt in die Stunde des Absterbens, wie die Stunde des Absterbens eingeschlossen ist in das Jetzt? Mörder sind sie, die Tage, Räuber! Eine Bande von Schmugglern über eure Grenzen. Lasst es nicht zu, fangt sie! Fangt das Heute! Aber wie wollt ihr das tun?

Habt ihr nicht Wachtposten an alle Grenzen eures Raumes gestellt, bewaffnet bis an die Zähne? So stellt auch Wachtposten an die Grenzen eurer Zeit, bewaffnet die Ahnen und die Urahnen, bewaffnet die Toten! Und lasst sie beweisen, dass heute heute ist. Wachtposten an allen euren Grenzen, so kann euch nichts geschehen.

Was sagt ihr? Es nützt nichts?

Sprecht leiser. Irgendwo ist die geheime Polizei.

Was sagt ihr? Eure Wachtposten stehen nicht still? Sie sind übergelaufen in ein anderes Land, in das Land, in das auch die Tage überlaufen? Eure Urgroßeltern sind desertiert und eure Grenzen liegen offen? Niemand mehr kann beweisen, dass heute heute ist?

Gebt es nicht zu. Lauft zurück. Hundert Jahre, zweihundert Jahre, dreihundert Jahre. Und weiter?

Der Ahnenpass gilt nichts mehr. Ist sie nicht rund, die Zeit, ist sie nicht rund wie euer Raum? Wie wollt ihr bleiben? Alle eure Grenzen liegen offen und beweisen eure Flüchtigkeit. Flüchtlinge seid ihr, die wandern und sich verbergen, wandern und sich verbergen, weiter, immer weiter. Wie das Rollen eines Wagens ist die Zeit vor euren Sinnen, ein schwarzer Wagen.

„Steigt ein!"

Der Kutscher zog den Hut. Ellen drückte ihm das Geld in die Hand. Er öffnete den Schlag und verbeugte sich. Seine Uhrkette klirrte. Die Kinder zögerten. Sie fassten sich fester an den Händen.

Es war ein schwarzer, schwerer Wagen, geduckt und verbeult, das Leder rissig von Sonne und Trockenheit. Es war eine Trauerkutsche. Schwermütig blinzelten die Pferde, dünne dunkle Pferde mit vernarbten Striemen. Die Straße, die den Friedhof entlangführte, war um diese Stunde leer, das heißt, ihre Leere wurde um diese Stunde deutlich, sie enthüllte sich ihrem eigentlichen Wesen.

Morgen wird heute und heute wird gestern.

„Beeilt euch!" Die Kinder sprangen auf. Der Schlag klappte zu. Man hörte es bis hinüber zu den Gärten, in denen die Kränze für die Toten geflochten wurden. Es war wie der Warnungsruf eines Vogels.

Der Wagen setzte sich in Bewegung.

Georg legte die Decke auf Ellens Knie. Sie fuhren. Langsam vorerst und dann schneller, immer schneller, ungefähr in der Richtung der Bahn gegen die Grenze zu. Die rote Friedhofsmauer, die weißen Höfe der Steinmetze und die graugrünen Hütten der Gärtner, das alles blieb weit zurück. Zurück blieben die letzten Blumen, der Rauch aus den Kaminen und die Schreie hungriger Vögel. Vielleicht aber blieb auch der schwarze Wagen zurück und alles andere flog. Wer konnte das mit Genauigkeit feststellen?

Der Himmel war aus blauem Glas, und die roten Buchen am Weg stießen sich die Köpfe blutig. Und nicht nur die roten Buchen. Doch das Glas zersplitterte, je weiter sie kamen, in das Grau grauer Vögel, lief an und trübte sich vor der Schwärze des schwarzen Wagens.

„Die Grenze, wo ist die Grenze?"

„Seht ihr sie nicht? Da, wo die Linie zwischen Himmel und Erde läuft, da ist die Grenze."

„Sie machen sich lustig!"

„Wie könnte ich?"

„Sie führen uns im Kreis!"

„Weshalb seid ihr so misstrauisch?"

„Wir sind müde."

„Das ist dasselbe."

„Die Linie, die Sie meinen, ist immer gleich weit weg!"

„Halt, Kutscher, halt! Wir wollen lieber aussteigen!"

„Ich führe euch schon hinüber!"

„Wir wollen nach Hause. Wir wollen zu den anderen!"

„Ich will zurück!"

„Ich will zu meiner Großmutter!"

Aber der Kutscher gab keine Antwort mehr. Allmählich hörten sie zu schreien auf. Sie umfassten sich und legten die Köpfe aneinander. Sie ergaben sich dem fremden Kutscher, dem schwarzen Wagen und der Grenze, die immer gleich weit weg war.

„Ellen, Ellen, dein Kopf wird mir zu schwer! Ellen, wohin fahren wir? Ellen, es wird finster, ich kann dich nicht mehr behüten, alles dreht sich – –"

„– – Alles dreht sich!", rief der Mann mit dem Dudelsack und sprang von hinten auf den fahrenden Wagen. „Und wie schrecklich wäre es, wenn sich nicht alles drehen würde! Man könnte den Pol nicht mehr finden." Es gelang ihm, den Schlag zu öffnen. Er riss die Mütze vom Kopf, lachte und zog die Nase hoch. „Leichen, es riecht nach Leichen!"

Der Wagen raste den Fluss entlang.

„Was gibt es da zu lachen?", fragte Ellen streng.

„Niemand bemerkt es!", kicherte der Fremde. „Die Pest ist ausgebrochen, aber niemand bemerkt es. Sie haben gelebt, ohne es zu bemerken, und jetzt sterben sie, ohne es zu bemerken. Ihre Stiefel sind die Bahren und sie tragen sie vor die Stadt. Ihre Flinten sind die Träger, die sie in die Gruben werfen. Beulen, Beulen, nichts als Beulen!" Der Fremde riss den Mund auf, schwankte und rollte unter den Sitz.

„Wer sind Sie?"

„Ich bin in die Pestgrube gefallen."

„Wer sind Sie?"

„Ich habe ein Lied gesungen."

„Wer sind Sie?"

„Oh, du lieber Augustin, das ist schwer zu erklären!"

Immer noch jagte der Wagen hinter dem Fluss her. Telegraphendrähte blitzten über schwarzen Kohlelagern, Möwen senkten sich wie stürzende Flugzeuge gegen das eisgraue Wasser, und an dem andern Ufer streckte ein Kran seine Arme in den kalten Himmel, als ob er um Lasten bäte. Es wurde Abend und der Herbsttag neigte sich lautlos und ohne Abwehr geheimnisvoll seinem Ende entgegen.

In der Nähe der verlassenen Werft stieg der Mann mit der Weltkugel zu. Er hatte auf dem Wrack eines Schiffs gewartet, das noch nicht abgeschleppt war.

„Kolumbus!", lachte er höflich und zog den Hut. „Es ist alles noch zu entdecken! Jeder Teich, jeder Schmerz und jeder Stein am Ufer."

„Zuletzt wurde Amerika doch nicht nach Ihnen benannt!"

„Nein!", rief Kolumbus heftig. „Aber das Unbenannte ist nach mir benannt. Alles, was noch zu entdecken ist." Er ließ sich bequem in die schmutzigen Polster sinken und streckte die Beine von sich.

„Macht Entdecken müde?"

„Herrlich müde! Man verdient sich die Nacht."

„Gibt es Träume, die wachen?"

„Oh, Träume sind wachsamer als Taten und Ereignisse, Träume bewachen die Welt vor dem Untergang, Träume, nichts als Träume!"

„Die Pest ist ausgebrochen, aber niemand bemerkt es", kicherte der liebe Augustin unter seinem Sitz hervor, „sie haben nicht bemerkt, dass sie geschaffen wurden, und sie werden nicht bemerken, dass sie schon verdammt sind."

Sie fuhren jetzt über den Damm, der den großen Fluss entlanglief, während der Fluss den Damm entlangströmte. Keinem fiel es ein, sich von dem andern zu trennen. Still und brüderlich liefen sie ins Endlose. Der Wagen kam durch ein Dorf. Grau und tief lag der Himmel über den niedrigen Mauern der Gärten. Rötliche Bäume schwankten im Dunkel, und vor den gelben Häusern spielten kleine Kinder. Sie zeichneten mit den Füßen Striche in den Flusssand und falteten die Stirnen. Sie wuchsen schweigend, schrien dazwischen grell in die Dämmerung und warfen mit Steinen nach Spatzen. Sie krallten sich in die verschlossenen Gartentore, bissen die Zähne auf Eisen und rissen einem alten, hässlichen Hund lachend die Ohren aus. Da sprang ein Knabe von innen her über die Mauern. Er trug ein kurzes, helles Kleid und eine Schleuder in der Rechten. Sein Gesicht glühte zornig und er tötete den kranken, weinenden Hund mit einem einzigen Stein. Dann zündete er inmitten der Straße ein Feuer an und warf ihn hinein. Und er sang: „Wir wollen Gott von euren Sünden ein Brandopfer bringen. Kommt und schenkt ihm eure Sünden, weil ihr nichts anderes habt.“

Und er spielte auf der Leier dazu. Sein Lied klang quälend, fremd und eindringlich und sein Feuer verbreitete Brandgeruch über die verlassene Straße. Er stieg auf eine Mauer und begann zu predigen, und zwischen jedem seiner Sätze schleuderte er Steine, und die Fenster der Menschen zerbrachen und sie mussten schauen, ob sie wollten oder nicht. Zürnend und verschlafen streckten sie ihre schweren Köpfe aus den gezackten Löchern und riefen ihre Kinder heim. Aber ihre Kinder kamen nicht, sondern standen und hörten den fremden, kleinen Prediger und rissen ihre roten, gierigen Münder auf, als ob sie ihn verschlingen wollten.

„Steine, Steine in eure Fenster sind das Brot, das ihr braucht, und das Brot in euren Schüsseln ist der Stein, der euch beschwert. Alles, was euch Nutzen bringt, hebt ihr auf den Thron. Schmerzen bringen immer Nutzen, Schmerzen sind der letzte Nutzen!" Er übersteigerte sich und begann zu jubeln, als ihm keine Worte mehr einfielen. Die Kinder aus dem Dorf jubelten mit, bis plötzlich eines von ihnen rief: „Dein Haar ist schwarz und gekraust, du bist ein Fremder!"

„Bin ich ein Fremder, weil mein Haar schwarz und gekraust ist, oder seid ihr Fremde, weil eure Hände kalt und hart sind? Wer ist fremder, ihr oder ich? Der hasst, ist fremder, als der gehasst wird, und die Fremdesten sind, die sich am meisten zu Hause fühlen!"

Doch die Kinder aus dem Dorf hörten nicht mehr auf ihn. Sie sprangen auf die Mauer und rissen ihn zu sich herunter. Sie johlten und heulten und hörten zu wachsen auf. Und die Erwachsenen, die ebenfalls aufgehört hatten, zu wachsen, stürzten aus ihren Häusern und warfen sich auf den fremden Knaben. Sie wälzten ihn in der letzten Glut seines verglimmenden Feuers, aber während sie ihn zu verbrennen glaubten, schmiedeten sie nur die Krone fester auf seinen Kopf. Und während sie ihn zu töten glaubten, entwich er ihnen, aber sie wussten es nicht. Er sprang auf den schwarzen Wagen, legte den Kopf in den Schoß des großen Kolumbus und weinte ein wenig, während der liebe Augustin seine verbrannten Füße streichelte. Später spielten sie ein Duett auf Leier und Dudelsack, und erst, als sie schon über eine Meile gefahren waren, fiel es dem fremden Knaben ein, sich vorzustellen.

„David, König David", murmelte er verlegen, „auf dem Weg ins Heilige Land."

Der Wagen fuhr durch die Auen, nasse Zweige peitschten sein Dach.

„Auf dem Weg ins Heilige Land sind wir alle!"

„Auf dem Weg ins Heilige Land sind auch wir!"

„Wer seid ihr und was wollt ihr im Heiligen Land?"

„Das ist Ellen und ich bin Georg, und wir wollen den großen

Nachweis. Weshalb habt ihr nicht für uns gebürgt? Weshalb habt ihr uns im Stich gelassen? Bürgt ihr nicht für alle? Aber sie verjagen uns, sie nehmen uns alles weg, sie verhöhnen uns: Ihr seid nicht nachgewiesen! Geht ins Heilige Land, sucht sie dort, eure Ahnen, und sagt zu ihnen: Ihr seid schuld, dass wir da sind, springt ein, macht es gut! Macht es gut, dass wir gekündigt sind, macht es gut, dass wir verfolgt sind, den Hass im Herzen, macht ihn gut! Denn ihr seid schuld, ihr seid schuld, ihr seid schuld, dass es uns gibt!"

„Weshalb seid ihr in den schwarzen Wagen gestiegen?"

„Wir wollen über die Grenze, wir suchen die Gewesenen."

Nebel und Fluss gingen wogend ineinander über. Die Linie zwischen Himmel und Erde verschwamm.

Kolumbus spielte unruhig mit der Weltkugel. Als er zu sprechen begann, war seine Stimme dunkler und ferner als vorher: „Es gibt keine Gewesenen. Es gibt solche, die sind, und solche, die nicht sind, Gewordene und Ungewordene – das Spiel von Himmel und Hölle, es liegt an euch! Die aber sind, sind immer, und die nicht sind, sind nie. Die aber sind, sind überall, und die nicht sind, sind nirgends. Bleibt und horcht, liebt und leuchtet. Lasst euch verachten und badet in Tränen. Tränen machen die Augen hell. Durchdringt den Nebel und entdeckt die Welt! Sein – das ist der Pass für die Ewigkeit."

„Glaubt nicht, dass es so leicht ist", rief David. „Die glauben zu sein, sind nicht. Nur die zweifeln an sich, dürfen landen, nur die gelitten haben. Denn die Küsten Gottes sind Flammen über dem finsteren Ozean, und wer landet, verbrennt. Und die Küsten Gottes werden größer, denn die Brennenden leuchten, und die Küsten Gottes werden kleiner, denn die Leichen der Stumpfen treiben aus der Finsternis!"

„Die Pest ist ausgebrochen, aber niemand bemerkt es", kicherte der liebe Augustin, „singt das Lied in der Pestgrube, singt das Lied, singt das Lied! Wir können euch nicht nachweisen. Nur das Lied, das ihr singt, weist euch nach."

„Erschlagt den Goliath in euren Herzen!"

„Entdeckt die Welt von neuem, entdeckt das Heilige Land!"

„Lasst euch verachten und badet in Tränen, Tränen machen die Augen hell!"

Der Wagen raste jetzt und sprang über Steine. Die Kinder schrien auf. Sie klammerten sich an Davids wollenen Gürtel und verbargen die Köpfe in den weiten Ärmeln des Kolumbus. „Wir wollen bleiben, wir wollen bleiben!"

„Bleibt, um zu gehen, und geht, um zu bleiben."

„Gebt dem Sturm nach wie die Büsche am Ufer!"

„So seid ihr geborgen im Rütteln des schwarzen Wagens. So wird das Bewegte ruhig und das Ruhige bewegt."

„So fasst ihr das Flüchtige, so enthüllt ihr es!"

„Und eure Schmerzen wiegen den Abstand auf."

Grau und wissend glänzte der Fluss in dem dunklen Licht der Nacht. Gelassen schimmerte der Kies.

„Die Grenze, wo ist die Grenze? Wo liegt das Heilige Land?"

„Überall dort, wo Hirten Schafe hüten und alles verlassen, wenn der Engel ruft."

„Die Schafe schreien, wenn man sie im Stich lässt!"

„Die Schafe schreien, weil sie nicht singen können, die Schafe schreien, um Gott zu loben."

König David begann wieder auf der Leier zu spielen, und der liebe Augustin fiel mit dem Dudelsack ein, während Kolumbus mit tiefer Stimme ein Matrosenlied sang, irgend etwas von weißen Sternen und der Sehnsucht nach Land. Sie beachteten sich gegenseitig nicht, aber das Ganze stimmte auf merkwürdige Art überein: Die Psalmen des David, das Seefahrerlied des Kolumbus und die Schwänke des lieben Augustin.

Es geschah anscheinend zur Ehre Gottes, und alles, was zur Ehre Gottes geschieht, stimmt überein.

Der Wagen fuhr schneller, immer schneller, schneller als schnell, aber diese Schnelligkeit löste sich auf, wurde gelassen und unmerklich wie die von Fluss und Weg. Eine langsame Schnelligkeit am Rande des Ewigen, wo sich alles schon berührt. Die Linie zwischen Himmel und Erde war verschwunden. Nichts blieb als ein weißes Wogen in der Finsternis, ein Zollhaus am Weg und die Stimmen über dem Fluss.

„Wir sind an der Grenze!"

Die drei Alten sprangen ab und sperrten die Straße. Die Pferde bäumten sich auf. Der schwarze Wagen hielt.

„Seid ihr bereit, das Lied in der Pestgrube zu singen?"

„Wir sind bereit."

„Seid ihr bereit, den Goliath in euren Herzen zu erschlagen?"

„Wir sind bereit."

„Und seid ihr bereit, das Heilige Land von neuem zu entdecken?"

„Wir sind bereit."

„So kommt über die Grenze, weist euch nach, kommt ins Heilige Land!"

„Verlasst den schwarzen Wagen, verlasst die Trauerkutsche, springt ab!"

„Springt ab!", schrie der Kutscher zornig und rüttelte die schlafenden Kinder. „Springt ab, springt ab! Überall sind Posten, wir sind im Kreis gefahren. Schaut, dass ihr weiterkommt!"

Die Kinder schlugen die Augen auf und hoben benommen die Köpfe.

„Zeit, dass ihr aufwacht!", schrie der Kutscher. „Alles war vergeblich. Alles ist verloren, wir kommen nicht mehr über die Grenze!"

„Wir sind schon darüber", riefen die Kinder. Sie sprangen ab und rannten, ohne sich noch einmal umzusehen, in das Dunkel zurück.

Zu älteren Feuern

Christine Busta

Nimm Abschied von Halm und Holz,
von der kindlichen Haut der Flamme.
Wir sind unterwegs zu älteren
Feuern aus Stein und Erz.

Kältere Tode warten,
nicht Blutopfer, Atemopfer.
Und nur das Herzgeborgne
schifft sich mit uns noch ein.

Flügellos meldet die Taube
Unbetretbares, Fremdes.
Die verlassene Erde
ist schon Mythe und Stern.

Die Taufe Jesu

Aus dem Evangelium nach Matthäus 3,13–17

Das Fest der Taufe Jesu am Sonntag nach dem Dreikönigstag beschließt die Weihnachtszeit. Damit beginnt das Wirken Jesu und es wird das öffentlich sichtbar, was im Weihnachtsgeschehen und im liturgischen Namen des Dreikönigstages, dem Fest der Epiphanie, angelegt ist: das Aufscheinen des göttlichen Heils. In der Taufe offenbart sich Jesu Gottessohnschaft und er eröffnet damit allen Menschen einen neuen, intimen und persönlichen Zugang zur letzten Wirklichkeit Gott. Die Legende von Selma Lagerlöf bringt in ihrer märchenhaften Form das Lebensprogramm Jesu auf den Punkt. Zuhause in Nazareth wäre es ruhiger und gemütlicher, doch „von Stund an wird deines Daseins Streben Gerechtigkeit sein, und deine Sehnsucht das Paradies, und deine Liebe wird alle die armen Menschen umfassen, die die Erde erfüllen." Eine Berufung, der sich der kindliche Jesus in der Legende nicht entziehen kann.

Zu dieser Zeit kam Jesus von Galiläa an den Jordan zu Johannes, um sich von ihm taufen zu lassen. Johannes aber wollte es nicht zulassen und sagte zu ihm: „Ich müsste von dir getauft werden und du kommst zu mir?" Jesus antwortete ihm: „Lass es nur zu! Denn so können wir die Gerechtigkeit ganz erfüllen." Da gab Johannes nach. Als Jesus getauft war, stieg er sogleich aus dem Wasser herauf. Und siehe, da öffnete sich der Himmel und er sah den Geist Gottes wie eine Taube auf sich herabkommen. Und siehe, eine Stimme aus dem Himmel sprach: „Dieser ist mein geliebter Sohn, an dem ich Wohlgefallen gefunden habe."

Im Tempel

Selma Lagerlöf

Es waren einmal ein paar arme Leute, ein Mann, eine Frau und ihr kleines Söhnlein, die gingen in dem großen Tempel in Jerusalem umher. Der Sohn war ein bildschönes Kind. Er hatte Haare, die in weichen Locken lagen, und Augen, die ganz wie Sterne leuchteten.

Der Sohn war nicht im Tempel gewesen, seit er so groß war, dass er verstehen konnte, was er sah; und jetzt gingen seine Eltern mit ihm umher und zeigten ihm alle Herrlichkeiten. Da waren lange Säulenreihen, da waren vergoldete Altäre, da waren heilige Männer, die saßen und ihre Schüler unterwiesen, da war der oberste Priester mit seinem Brustschild aus Edelsteinen, da waren Vorhänge aus Babylon, die mit Goldrosen durchwebt waren, da waren die großen Kupfertore, die so schwer waren, dass es eine Arbeit für dreißig Männer war, sie in ihren Angeln hin und her zu schwingen.

Aber der kleine Knabe, der erst zwölf Jahre zählte, kümmerte sich nicht viel um das alles. Seine Mutter erzählte ihm, dass, was sie ihm zeigten, das Merkwürdigste auf der Welt sei. Sie sagte ihm, dass es wohl lange dauern würde, ehe er noch einmal so etwas zu sehen bekäme. In dem armen Nazareth, wo sie daheim waren, gab es nichts anderes anzugucken als die grauen Gassen.

Ihre Ermahnungen fruchteten aber nicht viel. Der kleine Knabe sah aus, als wäre er gerne aus dem herrlichen Tempel fortgelaufen, wenn er dafür in der engen Gasse in Nazareth hätte spielen dürfen.

Aber es war wunderlich: Je gleichgültiger der Knabe sich zeigte, desto froher und vergnügter wurden die Eltern. Sie nickten einander über seinen Kopf hinweg zu und waren eitel Zufriedenheit.

Endlich sah der Kleine so müde und erschöpft aus, dass er der Mutter leidtat. „Wir sind zu weit mit dir gegangen", sagte sie. „Komm, du sollst dich ein Weilchen ausruhen!"

Sie ließ sich neben einer Säule nieder und sagte ihm, er solle sich auf den Boden legen und den Kopf in ihren Schoß betten. Und er tat es und schlummerte sogleich ein.

Kaum war er eingeschlafen, da sagte die Frau zu dem Manne: „Ich habe nichts so gefürchtet wie die Stunde, da er Jerusalems Tempel betreten würde. Ich glaubte, wenn er dieses Haus Gottes erblickte, würde er für alle Zeit hier bleiben wollen."

„Auch mir hat vor dieser Fahrt gebangt", sagte der Mann. „Zur Zeit, da er geboren wurde, geschahen mancherlei Zeichen, die darauf deuteten, dass er ein großer Herrscher werden würde. Aber was sollte ihm die Königswürde bringen als Sorgen und Gefahren? Ich habe immer gesagt, dass es das Beste für ihn wie für uns wäre, wenn er niemals etwas andres würde als ein Zimmermann in Nazareth."

„Seit seinem fünften Jahre", sagte die Mutter nachdenklich, „sind keine Wunder um ihn geschehen. Und er selber erinnert sich an nichts von dem, was sich in seiner frühesten Kindheit zugetragen hat. Er ist jetzt ganz wie ein Kind unter andern Kindern. Gottes Wille möge vor allem geschehen, aber ich habe fast zu hoffen begonnen, dass der Herr in seiner Gnade einen andern für die großen Schicksale erwählen und mir meinen Sohn lassen werde."

„Was mich betrifft", sagte der Mann, „so bin ich gewiss, dass alles gut gehen wird, wenn er gar nichts von den Zeichen und Wundern erfährt, die sich in seinen ersten Lebensjahren begeben haben."

„Ich spreche nie mit ihm über etwas von diesem Wunderbaren", sagte die Frau. „Aber ich fürchte immer, dass ohne mein Hinzutun etwas geschehen könnte, was ihn erkennen lässt, wer er ist. Vor allem hatte ich Angst, ihn in diesen Tempel zu führen."

„Du kannst froh sein, dass die Gefahr nun vorüber ist", sagte der Mann. „Bald haben wir ihn wieder daheim in Nazareth."

„Ich habe mich vor den Schriftgelehrten im Tempel gefürchtet", sagte die Frau. „Ich fürchtete mich vor den Wahrsagern, die hier auf ihren Matten sitzen. Ich glaubte, wenn er ihnen unter die Augen träte, würden sie aufstehen und sich vor dem Kinde beugen und es als den König der Juden grüßen. Es ist seltsam, dass sie seiner Herrlichkeit nicht gewahr werden. Ein solches Kind ist ihnen noch niemals vor Augen gekommen."

Sie saß eine Weile schweigend und betrachtete das Kind. „Ich kann es kaum verstehen", sagte sie. „Ich glaubte, wenn er diese Richter sehen würde, die in dem heiligen Hause sitzen und die Zwiste des Volkes schlichten, und diese Lehrer, die zu ihren Jüngern sprechen, und diese Priester, die dem Herrn dienen, so würde er erwachen und rufen: ‚Hier unter diesen Richtern, diesen Lehrern, diesen Priestern zu leben bin ich geboren.'"

„Was sollte dies wohl für ein Glück sein, zwischen diesen Säulengängen eingesperrt zu sitzen?", fiel der Mann ein. „Es ist besser für ihn, auf den Hügeln und Bergen rings um Nazareth umherzuwandern."

Die Mutter seufzte ein wenig. „Er ist so glücklich bei uns daheim", sagte sie. „Wie zufrieden ist er, wenn er die Schafherden auf ihren einsamen Wanderungen begleiten darf, oder wenn er über die Felder geht und der Arbeit der Landleute zusieht! Ich kann nicht glauben, dass wir unrecht gegen ihn handeln, wenn wir versuchen, ihn für uns zu behalten."

„Wir ersparen ihm nur das größte Leid", sagte der Mann.

Sie fuhren fort, so miteinander zu sprechen, bis das Kind aus seinem Schlummer erwachte.

„Sieh da", sagte die Mutter, „hast du dich jetzt ausgeruht? Stehe nun auf, denn der Abend bricht an, und wir müssen heim zum Lagerplatz."

Sie befanden sich in dem entferntesten Teil des Gebäudes, als sie die Wanderung zum Ausgang antraten.

Nach einigen Augenblicken hatten sie ein altes Gewölbe zu durchschreiten, das sich noch aus der Zeit erhalten hatte, als zum ersten Male ein Tempel an dieser Stelle errichtet worden war, und da, an eine Wand gelehnt, stand ein altes Kupferhorn von ungeheurer Länge und Schwere gleich einer Säule da, damit man es an den Mund führe und darauf blase. Es stand da, bucklig und verschrammt, innen und außen voll Staub und Spinngeweben, und von einer kaum sichtbaren Schlinge von altertümlichen Buchstaben umgeben. Tausend Jahre mochten wohl vergangen sein, seit jemand versucht hatte, ihm einen Ton zu entlocken.

Aber als der kleine Knabe das ungeheure Horn erblickte, blieb er verwundert stehen. „Was ist das?", fragte er.

„Das ist das große Horn, das die Stimme des Weltenfürsten genannt wird", antwortete die Mutter. „Mit ihm rief Moses die Kinder Israels zusammen, als sie in der Wüste zerstreut waren. Nach seiner Zeit hat niemand es vermocht, ihm auch nur einen einzigen Ton zu entlocken. Aber wer dies vermag, wird alle Völker der Erde unter seiner Gewalt sammeln."

Sie lächelte über dies, was sie für ein altes Märchen hielt, aber der kleine Knabe blieb vor dem großen Horn stehen, bis sie ihn fortrief. Von allem, was er in dem Tempel gesehen, war dieses Horn das Erste, was ihm wohlgefiel. Er hätte gern verweilt, um es lange und genau anzusehen.

Sie waren nicht lange gegangen, als sie in einen großen, weiten Tempelhof kamen. Hier befand sich im Berggrunde selbst eine Kluft, tief und weit, so wie sie von Urzeit an gewesen war. Diese Spalte hatte König Salomo nicht ausfüllen wollen, als er den Tempel baute. Keine Brücke hatte er darüber geschlagen, kein Gitter hatte er vor dem schwindelnden Abgrund errichtet. Stattdessen hatte er über die Kluft eine mehrere Ellen lange Klinge aus Stahl gespannt, scharfgeschliffen, mit der Schneide nach oben. Und nach einer Unendlichkeit von Jahren und Wechselfällen lag die Klinge noch über dem Abgrund. Jetzt war sie doch beinahe verrostet, sie war nicht mehr sicher an ihren Endpunkten befestigt, sondern zitterte und schaukelte sich, sowie jemand mit schweren Schritten über den Tempelhof ging.

Als die Mutter den Knaben über einen Umweg an der Kluft vorbeiführte, fragte er sie: „Was ist dies für eine Brücke?"

„Die ist von König Salomo hingelegt worden", antwortete die Mutter, „und wir nennen sie die Paradiesbrücke. Wenn du diese Kluft auf dieser zitternden Brücke zu überschreiten vermagst, deren Schneide dünner ist als ein Sonnenstrahl, so kannst du gewiss sein, ins Paradies zu kommen."

Und sie lächelte und eilte weiter, aber der Knabe blieb stehen und betrachtete die schmale, bebende Stahlklinge, bis die Mutter nach ihm rief.

Als er ihr gehorchte, seufzte er, weil sie ihm diese zwei wunderbaren Dinge nicht früher gezeigt hatte, so dass er vollauf Zeit gehabt hätte, sie zu betrachten.

Sie gingen nun ohne Aufenthalt, bis sie den großen Eingangsportikus mit seinen fünffachen Säulenreihen erreichten. Hier standen in einer Ecke zwei Säulen aus schwarzem Marmor, auf demselben Fußgestell so nahe aneinander aufgerichtet, dass man kaum einen Strohhalm dazwischen durchzuschieben vermochte. Sie waren hoch und majestätisch, mit reichgeschmückten Kapitälen, um die eine Reihe seltsam geformter Tierköpfe lief. Aber nicht ein Zoll breit dieser schönen Säulen war ohne Risse und Schrammen, sie waren beschädigt und abgenützt wie nichts andres im Tempel. Sogar der Boden rings um sie war blankgescheuert und ein wenig ausgehöhlt von den Tritten vieler Füße.

Wieder hielt der Knabe seine Mutter an und fragte sie: „Was sind dies für Säulen?"

„Es sind Säulen, die unser Vater Abraham aus dem fernen Chaldäa hierher nach Palästina gebracht hat und die er die Pforte der Gerechtigkeit nannte. Wer sich zwischen ihnen durchdrängen kann, der ist gerecht vor Gott und hat niemals eine Sünde begangen."

Der Knabe blieb stehen und sah mit großen Augen die Säulen an.

„Du willst wohl nicht versuchen, dich zwischen ihnen durchzuzwängen?", sagte die Mutter und lachte. „Du siehst, wie ausgetreten der Boden rings um sie ist, von den vielen, die versucht haben, sich durch den schmalen Spalt zu drängen, aber du kannst es mir glauben, es ist keinem gelungen. Spute dich nun! Ich höre das Donnern der Kupfertore, an die die dreißig Tempeldiener ihre Schultern stemmen, um sie in Bewegung zu setzen."

Aber die ganze Nacht lag der kleine Knabe im Zelte wach, und er sah nichts andres vor sich als die Pforte der Gerechtigkeit und die Paradiesesbrücke und die Stimme des Weltenfürsten. Von so wunderbaren Dingen hatte er nie zuvor gehört. Und er konnte sie sich nicht aus dem Kopfe schlagen.

Und am Morgen des nächsten Tages erging es ihm ebenso. Er konnte an nichts andres denken. An diesem Morgen sollten sie die Heimreise antreten. Die Eltern hatten viel zu tun, bis sie das Zelt abgebrochen und einem großen Kamel aufgeladen hatten und bis alles andere in Ordnung kam. Sie sollten nicht allein fahren, sondern in Gesellschaft von vielen Verwandten und Nachbarn, und da so viel Leute fortziehen sollten, ging das Einpacken natürlich sehr langsam vonstatten.

Der kleine Knabe half nicht bei der Arbeit mit, sondern mitten in dem Hasten und Eilen saß er still da und dachte an die drei wunderbaren Dinge.

Plötzlich fiel ihm ein, dass er noch Zeit hatte, in den Tempel zu gehen und sie noch einmal anzusehen. Da war noch viel, was aufgeladen werden musste. Er könnte wohl noch vor dem Aufbruch vom Tempel zurückkommen.

Er eilte von dannen, ohne jemand zu sagen, wohin er sich begab. Er glaubte nicht, dass dies nötig sei. Er wollte ja bald wieder da sein.

Es währte nicht lange, so erreichte er den Tempel und trat in die Säulenhalle, wo die zwei schwarzen Geschwistersäulen aufgestellt waren.

Sowie er sie erblickte, begannen seine Augen vor Freude zu leuchten. Er setzte sich auf den Boden neben sie und starrte zu ihnen empor. Wenn er daran dachte, dass wer sich zwischen diesen zwei Säulen durchdrängen könnte, gerecht vor Gott wäre und niemals eine Sünde begangen hätte, da schien es ihm, dass er niemals etwas so Wunderbares geschaut hätte.

Er dachte, wie herrlich es sein müsse, sich zwischen diesen zwei Säulen durchdrängen zu können, aber sie standen so nah nebeneinander, dass es unmöglich war, es auch nur zu versuchen. So saß er wohl eine Stunde regungslos vor den Säulen, aber davon wusste er nichts. Er glaubte, dass er sie nur ein paar Augenblicke betrachtet hätte.

Aber es begab sich, dass in der prächtigen Säulenhalle, in der der Knabe saß, die Richter des Hohen Rats versammelt waren, um dem Volke bei seinen Zwistigkeiten zurechtzuhelfen. Der ganze Portikus war voller Menschen, die wegen Grenzmarken klagten, die man verschoben hatte, über Schafe, die aus der Herde geraubt und mit falschen Zeichen versehen worden waren, über Schuldner, die ihre Schulden nicht bezahlen wollten.

Unter allen den andern kam auch ein reicher Mann, der in schleppende Purpurgewänder gekleidet war und eine arme Witwe vor den Richterstuhl führte, die ihm einige Sekel Silber schuldig sein sollte. Die arme Witwe jammerte und sagte, dass der Reiche unrecht an ihr handele. Sie hätte ihm schon einmal ihre Schuld bezahlt, nun wolle er sie zwingen, es noch einmal zu tun, aber das vermöge sie nicht. Sie wäre so arm, dass sie, wenn die Richter sie verurteilten, zu bezahlen, gezwungen wäre, dem Reichen ihre Töchter als Sklavinnen zu geben.

Der zuhöchst auf dem Richterstuhle saß, wendete sich an den reichen Mann und sprach zu ihm: „Wagst du einen Eid darauf zu leisten, dass diese arme Frau dir das Geld noch nicht bezahlt hat?"

Da antwortete der Reiche: „Herr, ich bin ein reicher Mann. Sollte ich mir die Mühe machen, mein Geld von dieser armen Witwe zu fordern, wenn ich nicht das Recht dazu hätte? Ich schwöre dir, so gewiss niemand je durch die Pforte der Gerechtigkeit wandern wird, so gewiss ist mir diese Frau die Summe schuldig, die ich begehre."

Als die Richter diesen Eid vernahmen, glaubten sie seinen Worten und fällten den Spruch, dass die arme Witwe ihre Töchter als Sklavinnen hingeben solle.

Aber der kleine Knabe saß dicht daneben und hörte das alles. Er dachte bei sich selbst: Wie gut wäre es doch, wenn jemand sich durch die Pforte der Gerechtigkeit drängen könnte! Dieser Reiche hat sicherlich nicht die Wahrheit gesprochen. Wie jammert mich die alte Frau, die ihre Töchter als Sklavinnen hingeben muss.

Er sprang auf das Fußgestell, von dem die beiden Säulen in die Höhe strebten und blickte durch die Spalte.

Ach, dass es doch nicht so ganz unmöglich wäre!, dachte er.

Er war so betrübt um der armen Frau willen. Nun dachte er gar nicht daran, dass wer sich durch dieses Tor zu drängen vermöchte, gerecht und ohne Sünde wäre. Er wollte nur um des armen Weibes willen hindurchkommen.

Er stemmte seine Schulter in die Vertiefung zwischen den Säulen, gleichsam, um sich einen Weg zu bahnen.

In diesem Augenblicke sahen alle Menschen, die in der Säulenhalle standen, zur Pforte der Gerechtigkeit hin. Denn es donnerte in den Gewölben, und es rauschte in den alten Säulen, und sie schoben sich zur Seite, eine nach rechts und eine nach links, und ließen einen so großen Raum frei, dass der schlanke Körper des Knaben zwischen ihnen durchschlüpfen konnte.

Da entstand großes Staunen und Aufsehen. Im ersten Augenblick wusste niemand, was er sagen sollte. Die Leute standen nur und starrten den kleinen Knaben an, der ein so großes Wunder vollbracht hatte. Der Erste, der seine Fassung wiedererlangte, war der Älteste unter den Richtern. Er rief, man solle den reichen Kaufmann ergreifen und ihn vor den Richterstuhl führen. Und er verurteilte ihn, sein ganzes Hab und Gut der armen Witwe zu geben, weil er falsch geschworen hatte in Gottes Tempel.

Als dies abgetan war, fragte der Richter nach dem Knaben, der die Pforte der Gerechtigkeit durchschritten hatte, aber da die Menschen sich nach ihm umsahen, war er verschwunden. Denn in demselben Augenblick, wo die Säulen auseinanderglitten, war er wie aus einem Traum erwacht, und er hatte sich an seine Eltern und die Heimreise erinnert. Jetzt muss ich von hier forteilen, damit meine Eltern nicht auf mich warten, dachte er.

Aber er wusste gar nicht, dass er eine volle Stunde vor der Pforte der Gerechtigkeit zugebracht hatte, sondern er wähnte, nur ein paar Minuten dort verweilt zu haben, darum meinte er, dass er wohl noch Zeit hätte, einen Blick auf die Paradiesesbrücke zu werfen, ehe er den Tempel verließe.

Und auf leichten Füßen glitt er durch die Volksmenge und kam auf die Paradiesesbrücke, die in einem ganz andern Teile des großen Tempels gelegen war.

Aber als er die scharfe Stahlklinge sah, die sich über die Kluft spannte, und daran dachte, dass der Mensch, der über diese Brücke wandern könnte, gewiss wäre, ins Paradies zu kommen, da schien es ihm, dass dies das Merkwürdigste wäre, was er je geschaut hätte, und er setzte sich an den Rand der Kluft, um die Stahlklinge zu betrachten.

Da saß er und dachte, wie lieblich es sein müsste, ins Paradies zu kommen und wie gern er über diese Brücke gehen wolle. Aber zugleich sah er, dass es ganz unmöglich war, dies auch nur zu versuchen.

So saß er zwei Stunden und grübelte, aber er wusste nicht, dass so viel Zeit vergangen war. Er saß nur und dachte an das Paradies.

Aber es war so, dass auf dem Hofe, wo die tiefe Kluft sich befand, ein großer Opferaltar stand, und um ihn herum gingen weißgekleidete Priester, die das Feuer auf dem Altar hüteten und Opfergaben in Empfang nahmen. Auf dem Hofe standen auch viele, die opferten, und eine große Menge, die dem Gottesdienste nur zusah.

Kam da auch ein armer, alter Mann gegangen, der ein Lämmchen trug, das sehr klein und mager war und obendrein noch von einem Hunde gebissen worden war, so dass es eine große Wunde hatte.

Der Mann ging mit diesem Lamme zu den Priestern und bat sie, es opfern zu dürfen, aber sie schlugen es ihm ab. Sie sagten ihm, eine so armselige Gabe könne er dem Herrn nicht darbringen. Der Alte bat, sie möchten doch um der Barmherzigkeit willen das Lamm annehmen, denn sein Sohn liege krank auf den Tod, und er besitze nichts andres, was er Gott für seine Genesung opfern könnte. „Ihr müsst es mich opfern lassen", sagte er, „sonst kommt mein Gebet nicht vor Gottes Angesicht, und mein Sohn stirbt."

„Du kannst mir glauben, dass ich Mitleid mit dir habe", sagte der Priester, „aber das Gesetz verbietet uns, ein verletztes Tier zu opfern. Es ist ebenso unmöglich, deiner Bitte zu willfahren, wie es unmöglich ist, die Paradiesesbrücke zu überschreiten."

Der kleine Knabe saß so nah, dass er das alles hörte. Er dachte gleich, wie schade es doch wäre, dass niemand die Brücke zu überschreiten vermochte. Vielleicht könnte der Arme seinen Sohn behalten, wenn das Lamm geopfert würde.

Der alte Mann ging betrübt vom Tempelhofe fort, aber der Knabe erhob sich, schritt auf die zitternde Brücke zu und setzte seinen Fuß darauf.

Er dachte gar nicht daran, hinübergehen zu wollen, um des Paradieses gewiss zu sein. Seine Gedanken weilten bei dem Armen, dem er zu helfen wünschte.

Aber er zog den Fuß wieder zurück, denn er dachte: Es ist unmöglich. Sie ist gar zu alt und rostig, sie könnte mich nicht einmal tragen.

Aber noch einmal schweiften seine Gedanken zu dem Armen, dessen Sohn auf den Tod krank lag. Wieder setzte er den Fuß auf die Schwertklinge.

Da merkte er, dass sie zu zittern aufhörte und sich unter seinem Fuße breit und fest anfühlte.

Und als er den nächsten Schritt darauf machte, fühlte er, dass die Luft ringsumher ihn unterstützte, so dass er nicht fallen konnte. Sie trug ihn, als wenn er ein Vogel wäre und Flügel hätte.

Aber aus der gespannten Klinge löste sich zitternd ein holder Ton, wie der Knabe darüberhinschritt, und einer von denen, die auf dem Hofe standen, wendete sich um, da er den Ton vernahm. Er stieß einen Ruf aus, und jetzt wendeten sich auch alle die andern, und sie gewahrten den kleinen Knaben, der über die Stahlklinge geschritten kam.

Da gerieten alle, die da standen, in große Verwunderung und Bestürzung. Die Ersten, die sich fassten, waren die Priester. Sie sendeten sogleich einen Boten nach dem Armen, und als dieser zurückkam, sagten sie zu ihm: „Gott hat ein Wunder getan, um uns zu zeigen, dass er deine Gabe empfangen will. Gib dein Lamm her, wir wollen es opfern!"

Als dies geschehen war, fragten sie nach dem kleinen Knaben, der über die Kluft gewandert war. Aber als sie sich nach ihm umsahen, konnten sie ihn nicht finden.

Denn gerade, als der Knabe die Kluft überschritten hatte, hatte er an die Heimreise und die Eltern denken müssen. Er wusste nicht, dass der Morgen und der Vormittag schon verstrichen waren, sondern er dachte: Ich muss mich jetzt sputen, heimzukommen, damit sie nicht zu warten brauchen. Ich will nur erst noch forteilen und einen Blick auf die Stimme des Weltenfürsten werfen.

Und er schlich sich zwischen dem Volke durch und eilte auf leichten Sohlen nach dem halbdunkeln Säulengang, wo das Kupferhorn an die Wand gelehnt stand.

Als er es sah und bedachte, dass wer ihm einen Ton entlocken konnte, alle Völker der Erde unter seiner Herrschaft versammeln würde, da schien es ihm, dass er niemals etwas so Merkwürdiges gesehen hätte, und er setzte sich daneben nieder und betrachtete es.

Er dachte, wie groß es sein müsste, alle Menschen der Erde zu gewinnen, und wie sehnlich er sich wünschte, in das alte Horn blasen zu können. Aber er sah ein, dass dies unmöglich wäre, und so wagte er nicht einmal den Versuch.

So saß er mehrere Stunden, aber er wusste nicht, dass die Zeit verstrich. Er dachte nur daran, was für ein Gefühl es sein müsste, alle Menschen der Erde unter seiner Herrschaft zu sammeln.

Aber es war so, dass in diesem kühlen Säulengang ein heiliger Mann saß und seine Schüler unterwies. Und er wendete sich jetzt an einen der Jünglinge, die zu seinen Füßen saßen, und sagte ihm, dass er ein Betrüger sei. Der Geist hätte ihm verraten, sagte der Heilige, dass dieser Jüngling ein Fremder sei und kein Israelit. Und nun fragte ihn der Heilige, warum er sich unter einem falschen Namen unter seine Jünger eingeschlichen hätte.

Da erhob sich der fremde Jüngling und sagte, er sei durch Wüsten gepilgert und über große Meere gezogen, um die wahre Weisheit und die Lehre des einzigen Gottes verkünden zu hören. „Meine Seele verschmachtete vor Sehnsucht", sagte er zu dem Heiligen. „Aber ich wusste, dass du mich nicht unterrichten würdest, wenn ich nicht sagte, dass ich ein Israelit sei. Darum belog ich dich, auf dass meine Sehnsucht gestillt würde. Und ich bitte dich, lass mich bei dir bleiben."

Aber der Heilige stand auf und streckte die Arme zum Himmel empor. „Ebenso wenig sollst du bei mir bleiben, als jemand aufstehen und auf dem großen Kupferhorn blasen wird, das wir die Stimme des Weltenfürsten nennen. Es ist dir nicht einmal gestattet, diese Stelle des Tempels zu betreten, weil du ein Heide bist. Eile von hinnen, sonst werden meine andern Schüler sich auf dich stürzen und dich in Stücke reißen, denn deine Gegenwart schändet den Tempel."

Aber der Jüngling stand still und sprach: „Ich will nirgends hingehen, wo meine Seele keine Nahrung findet. Lieber will ich hier zu deinen Füßen sterben."

Kaum hatte er dies gesagt, als die Schüler des Heiligen aufsprangen, um ihn zu vertreiben. Und als er sich zur Wehr setzte, warfen sie ihn zu Boden und wollten ihn töten.

Aber der Knabe saß ganz nahe, so dass er alles sah und hörte, und er dachte: Dies ist eine große Hartherzigkeit. Ach, könnte ich doch in das Kupferhorn blasen, dann wäre ihm geholfen.

Er stand auf und legte seine Hand auf das Horn. In diesem Augenblick wünschte er nicht mehr, es an seine Lippen heben zu können, weil wer dies vermöchte, ein großer Herrscher werden würde, sondern weil er hoffte, einem beistehen zu können, dessen Leben in Gefahr war.

Und er umklammerte das Kupferhorn mit seinen kleinen Händchen und versuchte es zu heben.

Da fühlte er, dass das ungeheure Horn sich von selbst zu seinen Lippen hob. Und wie er nur atmete, drang ein starker, klingender Ton aus dem Horn und schallte durch den ganzen großen Tempelraum.

Da wandten alle ihre Blicke hin, und sie sahen, dass es ein kleiner Knabe war, der mit dem Horn an seinen Lippen dastand und ihm Töne entlockte, die die Wölbungen und Säulen erzittern ließen.

Allsogleich senkten sich da alle Hände, die sich erhoben hatten, um den fremden Jüngling zu schlagen, und der heilige Lehrer sprach zu ihm:

„Komm und setz dich hier zu meinen Füßen, wo du früher gesessen hast! Gott hat ein Wunder getan, um mir zu zeigen, dass es sein Wunsch ist, dass du in seine Anbetung eingeweiht werdest."

Als der Tag zur Neige ging, wanderten ein Mann und ein Weib mit eiligen Schritten auf Jerusalem zu. Sie sahen erschrocken und unruhig aus, und sie riefen jedem, den sie trafen, zu: „Wir haben unseren Sohn verloren. Wir glaubten, er sei mit unsern Verwandten und Nachbarn gegangen, aber keiner von ihnen hat ihn gesehen. Ist jemand von euch unterwegs an einem einsamen Kinde vorbeigekommen?"

Die Leute, die von Jerusalem kamen, antworteten ihnen: „Nein, euern Sohn haben wir nicht gesehen, aber im Tempel haben wir das schönste Kind geschaut. Es war wie ein Engel des Himmels, und es ist durch die Pforte der Gerechtigkeit gewandelt."

Sie hätten gern dies alles haarklein erzählt, doch die Eltern hatten nicht Zeit, ihnen zuzuhören.

Als sie ein Stück weit gegangen waren, trafen sie andre Menschen und befragten diese.

Aber die von Jerusalem kamen, wollten nur von dem allerschönsten Kinde erzählen, das aussehe, als wäre es vom Himmel herabgestiegen, und das die Paradiesesbrücke überschritten hätte.

Sie wären gern stehen geblieben und hätten bis zum späten Abend davon gesprochen, allein der Mann und die Frau hatten nicht Zeit, ihnen zu lauschen, sondern sie eilten in die Stadt.

Sie gingen straßauf und straßab, ohne das Kind zu finden. Endlich kamen sie zum Tempel.

Als sie dort vorbeigingen, sagte die Frau: „Da wir nun hier sind, so lass uns doch eintreten und sehen, was für ein Kind das ist, von dem sie sagen, es sei vom Himmel herabgestiegen!" Sie traten ein und fragten, wo sie das Kind sehen könnten.

„Geht geradeaus, dorthin, wo die heiligen Lehrer mit ihren Schülern sitzen. Dort ist das Kind. Die alten Männer haben ihn in ihre Mitte gesetzt, sie fragen ihn, und er fragt sie, und sie verwundern sich alle über ihn. Aber alles Volk steht unten auf dem Tempelhofe, um nur einen Schimmer dessen zu sehen, der die Stimme des Weltenfürsten an seine Lippen geführt hat."

Der Mann und die Frau bahnten sich einen Weg durch den Volkshaufen, und sie sahen, dass das Kind, das unter den weisen Lehrern saß, ihr Sohn war.

Aber sowie die Frau das Kind wiedererkannte, fing sie zu weinen an.

Und der Knabe, der unter den weisen Männern saß, hörte, dass jemand weinte, und er erkannte, dass es seine Mutter war. Da stand er auf und kam zu seiner Mutter, und Vater und Mutter nahmen ihn in ihre Mitte und wanderten mit ihm aus dem Tempel fort.

Aber die ganze Zeit hörte die Mutter nicht auf zu weinen, und das Kind fragte sie: „Warum weinest du? Ich kam ja zu dir, wie ich nur deine Stimme hörte."

„Wie sollte ich nicht weinen?", sagte die Mutter. „Ich glaubte, du seist für mich verloren."

Sie gingen aus der Stadt, und die Dunkelheit brach an, und noch immer weinte die Mutter.

„Warum weinst du?", sagte das Kind. „Ich wusste nichts davon, dass der Tag verstrichen war. Ich glaubte, es sei noch Morgen, und ich kam zu dir, wie ich nur deine Stimme hörte."

„Wie sollte ich nicht weinen?", sagte die Mutter. „Ich habe dich den ganzen Tag gesucht. Ich glaubte, du seist für mich verloren."

Sie wanderten die ganze Nacht, und immer weinte die Mutter.

Da der Morgen zu grauen begann, sagte das Kind: „Warum weinst du? Ich habe nicht nach eignem Ruhm getrachtet, aber Gott hat mich das Wunder vollbringen lassen, weil er diesen drei armen Menschen helfen wollte. Und wie ich nur deine Stimme hörte, kam ich wieder zu dir."

„Mein Sohn", antwortete die Mutter, „ich weine, weil du gleichwohl für mich verloren bist. Du wirst mir nie mehr angehören. Von Stund an wird deines Daseins Streben Gerechtigkeit sein, und deine Sehnsucht das Paradies, und deine Liebe wird alle die armen Menschen umfassen, die die Erde erfüllen."

Verzeichnis der Autorinnen und Autoren

Ilse AICHINGER (1921–2016) versteckte während der NS-Zeit ihre jüdische Mutter in ihrer eigenen Wohnung, ihre jüdische Großmutter wurde deportiert und im Vernichtungslager umgebracht. Ilse Aichinger lebte in Wien und in Großgmain bei Salzburg, schrieb zahlreiche Hörspiele und Kurzgeschichten und zählt zu den bedeutendsten Vertretern der deutschsprachigen Nachkriegsliteratur.

Ivo ANDRIĆ (1892–1975) war ein jugoslawischer Schriftsteller, der für seine Romane zur multiethnischen Geschichte Bosniens den Literaturnobelpreis erhielt.

ATHANASIUS von Alexandrien bzw. Athanasius der Große (300–373) zählt zu den vier griechischen Kirchenvätern.

Aurelius AUGUSTINUS (354–430), einer der vier lateinischen Kirchenväter, zählt zu den einflussreichsten Philosophen der Spätantike.

Rose AUSLÄNDER (1901–1988) wurde als Rosalie Scherzer in Czernowitz in der österreichisch-ungarischen Monarchie geboren. Sie überlebte im Ghetto von Czernowitz, emigrierte in die USA, bevor sie 1965 nach Düsseldorf übersiedelte, wo sie mit ihren Gedichten hohe Auflagen erreichte.

John BERGER (1926–2017) war ein britischer Kunstkritiker und Schriftsteller.

Bertolt BRECHT (1898–1956) verfasste die „Dreigroschenoper", revolutionierte mit seinem „epischen Theater" die deutsche Theaterlandschaft und schuf ein gewaltiges lyrisches Werk.

Christine BUSTA (1915–1987), bedeutende österreichische Lyrikerin und Kinderbuchautorin.

Dino BUZZATI (1906–1972) war ein italienischer Schriftsteller und Journalist. Seinem mitunter surrealen Werk wird oft eine Nähe zu Kafka zugeschrieben.

Henri CAFFAREL (1903–1996) war ein französischer Priester und Autor zahlreicher Bücher über das Gebet und die Ehe.

Raymond CARVER (1938–1988) gilt als einer der letzten bedeutenden Vertreter der amerikanischen Kurzgeschichte im 20. Jahrhundert. Sein Werk ist durch einen ausgeprägten Minimalismus gekennzeichnet, woran auch sein Lektor Gordon Lish durch Kürzungen beträchtlich mitgewirkt hat.

Francis Ph. CHURCH (1839–1906) war ein amerikanischer Journalist und Verleger.

Edward Estlin CUMMINGS (1864–1962) wurde mit seinen originellen Wortschöpfungen und formalen Experimenten zu einem wichtigen Wegbereiter der modernen amerikanischen Lyrik.

Hilde DOMIN (1909–2006), bedeutende deutschsprachige Dichterin, wählte ihren Namen nach der dominikanischen Republik, wo sie während der NS-Zeit Zuflucht fand.

Bruno DÖRIG (* 1933), Lehrer, Erwachsenenbildner, gründete den Noah-Verlag in Oberegg, Appenzell (CH).

Eugen DREWERMANN (* 1940), Theologe, erlangte mit seiner tiefenpsychologischen Auslegung der Bibel große Aufmerksamkeit.

MEISTER ECKHART, eigentlich Eckart von Hochheim (1260–1328), Dominikaner, einflussreicher Philosoph, einer der wichtigsten Mystiker des Christentums.

Erich FRIED (1921–1988) war ein bedeutender Übersetzer und einer der wichtigsten Vertreter der politischen Lyrik in Deutschland, ein breites Publikum fand er mit seinen Liebesgedichten.

Paul GERHARDT (1607–1676) war ein evangelischer Theologe und bedeutender Kirchenlieddichter.

Josef GUGGENMOS (1922–2003) erhielt den Deutschen Jugendliteraturpreis und zählt zu den bedeutendsten deutschen Kinderlyrikern.

Peter HANDKE (* 1942), österreichischer Schriftsteller, lebt in Paris, erhielt 2019 den Literatur-Nobelpreis.

Klaus-Peter HERTZSCH (1930–2015) war als evangelischer Theologe an der Universität Jena tätig.

Etty HILLESUM (1914–1943), niederländisch-jüdische Intellektuelle und Mystikerin, ihr Tagebuch fand international große Beachtung.

Hanns Dieter HÜSCH (1925–2005) war über 50 Jahre als Kabarettist und Liedermacher tätig und war einer der wichtigsten Vertreter des „literarischen Kabaretts" in Deutschland.

Joseph KOPF (1929–1979) lebte als Dichter in St. Gallen, zeitweise auch in Wien und Israel.

Selma LAGERLÖF (1858–1940) ist eine der berühmtesten schwedischen Schriftstellerinnen, die als erste Frau 1909 den Literatur-Nobelpreis erhielt. Ihre „Christuslegenden", aber auch „Die wunderbare Reise des kleinen Nils Holgersson mit den Wildgänsen" sind weltberühmt.

Else LASKER-SCHÜLER (1869–1945), bedeutende expressionistische Dichterin und Zeichnerin.

Christine LAVANT (1915–1973), Autodidaktin, musste schon früh krankheitsbedingt die Schule abbrechen, lebte in einfachsten Verhältnissen, ehe sie sich in den 1960er-Jahren als eine der maßgeblichen österreichischen Schriftstellerinnen etablieren konnte.

Eligius bzw. Éloi LECLERC (1921–2016), Franziskaner, war Dozent für Philosophie in Lille und Metz, Autor zahlreicher Bücher zur franziskanischen Spiritualität.

Karl RAHNER (1904–1984) war Mitglied des Jesuiten-Ordens und zählt zu den einflussreichsten deutschsprachigen Theologen des 20. Jahrhunderts.

Werner REISER (1925–2013) war über 20 Jahre lang Münsterpfarrer in Basel, veröffentlichte zahlreiche religiöse Erzählungen.

Rainer Maria RILKE (1875–1926) gilt als einer der wichtigsten deutschsprachigen Dichter.

Joachim RINGELNATZ (1883–1934) war ein deutscher Schriftsteller und Kabarettist, dessen Werk durch Witz und Skurrilität geprägt ist.

Ernst RITTER (* 1962), Priester und Begleiter von kontemplativen Exerzitien.

Antoine DE SAINT-EXUPÉRY (1900–1944) schuf mit dem „Kleinen Prinzen" eines der meistgelesenen Bücher der Welt.

Bruno SCHLATTER (* 1948) war als Pressefotograf und Schriftsteller in der Schweiz tätig.

Manfred SIEBALD (* 1948) ist ein bekannter christlicher Liedermacher.

Jan SKÁCEL (1922–1989) war ein bedeutender tschechischer Lyriker.

Dorothee SÖLLE (1929–2003), einflussreiche Theologin und Autorin zahlloser Bücher, engagierte sich in der Friedensbewegung sowie in der Ökologie- und Frauenbewegung, beschäftigte sich außerdem mit den Texten verschiedenster Mystiker.

Edith STEIN (1891–1942) promovierte in Philosophie bei Edmund Husserl und war vor Martin Heidegger Husserls Assistentin. Jüdischer Herkunft, ließ sie sich nach dem Ersten Weltkrieg taufen und trat in den Karmeliterorden ein. Sie wurde 1942 mit ihrer Schwester und deportierten holländischen Juden in Auschwitz ermordet.

Regina ULLMANN (1884–1961) wurde als Schriftstellerin von Rilke gefördert. Charakteristisch für ihr Werk ist die „fromme" Zuneigung zu den kleinen Dingen und den einfachen Menschen.

Karl Heinrich WAGGERL (1897–1973) war ein österreichischer Autor, der vor allem mit seinen Weihnachtsgeschichten auch international berühmt wurde.

Simone WEIL (1909–1943) war Philosophin, Mystikerin und Sozialrevolutionärin, beschäftigte sich vor allem mit platonischer und buddhistischer Philosophie.

Wilhelm WILLMS (1930–2002) war Priester des Bistums Aachen und zählt zu den Wegbereitern neuer geistlicher Lyrik und Lieder.

Werner WOLLENBERGER (1927–1982) war ein Schweizer Schriftsteller, Journalist und Satiriker.

Quellennachweis

Ilse Aichinger, „Das heilige Land" und „Der Heilige sah weit über sie hinaus" aus: Ilse Aichinger, Die größere Hoffnung © S. Fischer Verlag GmbH, Frankfurt am Main 1975.

Ilse Aichinger, „Vor der langen Zeit" aus: Ilse Aichinger, Kleist, Moos, Fasane © S. Fischer Verlag GmbH, Frankfurt am Main 1987.

Ivo Andrić, Die Brücke über die Drina. Eine Wischegrader Chronik. Aus dem Serbischen von Ernst E. Jonas © Carl Hanser Verlag, München-Wien 1992.

Rose Ausländer, Wieder ein Tag aus Glut und Wind. Gedichte 1980-1982 © S. Fischer Verlag GmbH, Frankfurt am Main 1986.

John Berger, Das Leben der Bilder oder die Kunst des Sehens, A. d. Engl. von Stephen Tree © 1980 John Berger, © 1982, 1986 für die deutsche Ausgabe: Verlag Klaus Wagenbach, Berlin.

Bertolt Brecht, Werke. Große kommentierte Berliner und Frankfurter Ausgabe, Band 13: Gedichte 3 © Suhrkamp Verlag, Frankfurt am Main 1993.

Christine Busta, Gesammelte Gedichte © Otto Müller Verlag, Salzburg.

Henri Caffarel, Saal der tausend Türen. Briefe über das Gebet. Übersetzt und eingeleitet von Hans Urs von Balthasar, Johannes Verlag Einsiedeln, Freiburg i. Br., ⁴2011, S. 128–131.

Raymond Carver, Wovon wir reden, wenn wir von Liebe reden. Aus dem Amerikanischen von Helmut Frielinghaus © S. Fischer Verlag GmbH, Frankfurt am Main 2012.

E. E. Cummings, Poems – Gedichte. Hrsg. und übersetzt von Eva Hesse © Verlag C.H. Beck, München 2016.

Hilde Domin, Gesammelte Gedichte © S. Fischer Verlag GmbH, Frankfurt am Main 1987.

Bruno Dörig, © beim Autor.

Eugen Drewermann, Tiefenspsychologie und Exegese I © Patmos Verlag. Verlagsgruppe Patmos in der Schwabenverlag AG, Ostfildern 1990. www.verlagsgruppe-patmos.de

Erich Fried, Hölderlin an Susette Gontard, aus: Liebesgedichte © 1979, 1995, 2007 Verlag Klaus Wagenbach, Berlin.

Josef Guggenmos, Ich will dir was verraten © Beltz & Gelberg in der Verlagsgruppe Beltz, Weinheim.

Peter Handke aus: ders., Über die Dörfer. Dramatisches Gedicht © Suhrkamp Verlag, Frankfurt am Main 1981.

Etty Hillesum aus: dies., Das denkende Herz der Baracke © 2022 Verlag Herder GmbH, Freiburg i. Br.

Hanns Dieter Hüsch aus: ders./ Uwe Seidel, Ich stehe unter Gottes Schutz, Seite 140, 2018/16 © tvd-Verlag, Düsseldorf 1996.

Joseph Kopf aus: ders., Gesammelte Gedichte, Band I © 1992 Rimbaud Verlag, Aachen.

Selma Lagerlöf aus: dies., Die schönsten Legenden, Deutsch von Marie Franzos, dtv, München 1978.

Else Lasker-Schüler aus: dies., Gedichte 1902–1943, Suhrkamp Verlag, Frankfurt am Main 1996.

Christine Lavant, „Es riecht nach Schnee" aus: dies., Die Bettlerschale, Otto Müller Verlag, 7. Auflage, Salzburg 2002, © Wallstein Verlag, Göttingen.

Christine Lavant, „Die Stille …" aus: Christine Lavant, Kunst wie meine ist nur verstümmeltes Leben, Otto Müller Verlag, Salzburg 1978, © Wallstein Verlag, Göttingen.

Eligius Leclerc, Weisheit eines Armen. Franziskus gründet seinen Orden. Deutsch von Rainulf Schmücker © Verlag Butzon & Bercker, Kevelaer 2002.

Karl Rahner SJ, Sämtliche Werke, Band 7, Freiburg 2013, S. 123, © INIGO Medien GmbH, München.

Rainer Maria Rilke, „Verkündigung" aus: ders., Die Gedichte, Insel-Verlag, Frankfurt am Main 1986; „Wie der Fingerhut ..." aus: R. M. Rilke, Geschichten vom lieben Gott, Insel-Verlag, Frankfurt am Main 2013.

Joachim Ringelnatz, und auf einmal steht es neben dir, Diogenes Verlag, Zürich 1994.

Ernst Ritter, © beim Autor.

Bruno Schlatter-Gomez, „Maria und Josef oder Roberto spinnt", aus „Die himmelblaue Weihnachtstasse" © Wörterseh, Lachen 2017.

Manfred Siebald (Text und Melodie) © 1978 SCM Hänssler, Holzgerlingen.

Jan Skácel, Und nochmals die Liebe, Residenz Verlag 1993.

Dorothee Sölle, Fliegen lernen. Gedichte, Berlin 1979, S. 5 © Wolfgang Fietkau Verlag, Michendorf.

Edith Stein, Das Kreuz wie eine Krone tragen. Vom Geheimnis des inneren Lebens, Patmos/Benziger, Düsseldorf und Zürich 1997.

Regina Ullmann, Ich bin den Umweg statt den Weg gegangen, Verlag Huber, Frauenfeld-Stuttgart-Wien 2000, © Verlage der Lesestoffgruppe, Ziegelbrücke (CH).

Karl Heinrich Waggerl, Sämtliche Werke © Otto Müller Verlag, Salzburg.

Simone Weil, Zeugnis für das Gute, Patmos/Benziger, Düsseldorf und Zürich 1998.

Wilhelm Willms, roter faden glück, lichtblicke © 1974 Butzon & Bercker, Kevelaer, 5. Auflage 1988, www.bube.de.

Werner Wollenberger, © Erbengemeinschaft Werner Wollenberger, Zürich.

Die Bibeltexte wurden der revidierten Einheitsübersetzung der Heiligen Schrift entnommen © 2016 Katholische Bibelanstalt, Stuttgart.

In Einzelfällen war es uns leider nicht möglich, die genaue Quelle zu ermitteln. Wir bitten um Hinweise an den Verlag.

Rudolf BISCHOF, geboren 1942 in Bregenz, langjähriger Dompfarrer von Feldkirch und Generalvikar der Diözese Feldkirch, derzeit für die Priesterseelsorge und für Fragen der kirchlichen Kunst zuständig, wurde für sein seelsorgerliches Wirken 2021 mit dem Großen Verdienstzeichen des Landes Vorarlberg geehrt.

Klaus GASPERI, geboren 1967 in Dornbirn, studierte Theologie und Germanistik in Innsbruck und Tübingen, war als Verlagslektor und Pilgerbegleiter tätig und ist Lehrer für Deutsch und Ethik.